united
p.c.

Alle Rechte der Verbreitung, auch durch Film, Funk und Fernsehen, fotomechanische Wiedergabe, Tonträger, elektronische Datenträger und auszugsweisen Nachdruck, sind vorbehalten.

Für den Inhalt und die Korrektur zeichnet der Autor verantwortlich.

© 2013 united p.c. Verlag

Gedruckt in der Europäischen Union auf umweltfreundlichem, chlor- und säurefrei gebleichtem Papier.

www.united-pc.eu

Helena Hasenhütl

Kennwort VENEDIG

Vom Mut an Wunder zu glauben

VORWORT

Über die Dauer deines Lebens kannst du nicht bestimmen, wohl aber über seine Intensität und Tiefe.

Evan Esar

Lieber Hannes!
Dieser Leitspruch beschreibt sehr gut unser Leben, unsere Freundschaft und das Ereignis vom 3.2.2012.

Wir lernen uns als junge Studenten beim Bundesheer kennen. Warum? Beide leiden wir unter dem rauen Umgangston und den ungerechten Repressalien. Wir haben die selbe Sensibilität, verstehen uns wortlos - einfach eine Seelenverwandtschaft. Eine starke Freundschaft entsteht. Unser Studentendasein ist ein intensiver Lebensabschnitt, der Jugend entsprechend. Wir lernen, wir leben, versuchen Geld zu verdienen, um ein unbeschwertes Leben zu führen. Es geht ins Berufsleben. Plötzlich bestimmt die Arbeit unser Leben. Partnerschaften werden eingegangen. Es gibt Hochs und Tiefs. Wir schaffen unser Zuhause und arbeiten uns im Beruf empor. Die ersten Krankheiten und Sterbefälle in der Familie lassen uns nachdenken und ermahnen uns, das Leben bewusster zu leben.

Die Freundschaft kann nicht mehr täglich gelebt werden, aber sie ist tief im Herzen verwurzelt.

Bis zum 3. Februar 2012 ist unser Leben eine heile Welt. Am Tag zuvor habe ich durch Deine Mithilfe meine Planung für eine neue Ordination abgeschlossen. Ein schönes Wochenende steht vor der Tür. Freitagnachmittag, auf meinen letzten Visiten erreicht mich ein Anruf von deiner Frau Helena. Du hast plötzlich starke Schmerzen im HWS Bereich. „Naja Kreuzschmerzen, verrissen beim Eisstockschießen wird es sein." Aber Unruhe und Sorgen mischen sich in die Feierabendstimmung. In Minutenabständen kommen neue Informationen und sehr schnell wird mir die Tragweite der akuten Erkrankung klar. Verzweiflung, Tränen, die Ohnmacht und Hilflosigkeit als Arzt und Freund haben mich voll im Griff. Stark sein, Helena unterstützen, positive Energie schicken! Die erste Nacht vergeht nicht. Leben und Sterben sind plötzlich ganz nahe an mich herangerückt. Es ist diesmal nicht der Arzt, der damit umgeht, es hat mich als Mensch voll getroffen: Mein Freund im Koma, danach im Tiefschlaf über Wochen.

Die nächsten Stunden, Tage und Wochen sind ein Wechselbad der Gefühle: Bangen, Hoffen, gegenseitiges Zureden und ganz viel Verzweiflung, weil es keine wirklichen Antworten gibt. Wird Hannes überleben und wenn ja, was wird von ihm übrig bleiben?

Ein Jahr später schauen wir dankbar und glücklich zurück. Meinen beruflichen Traum, eine große, moderne Ordination haben wir beide gemeinsam eröffnet. Wir werden weiterleben mit vielen Erfahrungen reicher und reifer geworden. Unser Leben hat an Tiefe und Intensität gewonnen. Tägliche, selbstverständliche Dinge werden mit mehr Respekt gesehen und gelebt. Man kann nicht ständig mit dem plötzlichen Tod vor Augen durch das Leben gehen. Aber man sollte sich öfter dankbar zurücklehnen und genießen.
Freundschaft hat auch seine Höhen und Tiefen. Freundschaft ist durch getrennte Wege, durch Beruf und Partnerschaft dem Lebensrhythmus unterworfen, aber wirkliche Freundschaft hält jeder Zerreißprobe statt.

In Dankbarkeit dein Seelenfreund Günther

Liebe Helena, lieber Hannes!

„……..liebe Grüße aus Venedig, es geht uns ja so gut….".
Dieses SMS erhalte ich von Euch knapp ein Jahr nach einem Tag, der Euer Leben völlig verändert hat.

In meinem Beruf als Anästhesist und Intensivmediziner erlebe ich oft Situationen, die Menschen aus der Bahn werfen. In Tagen, Stunden, Minuten, Bruchteilen einer Sekunde. Momente, die buchstäblich *alles* verändern.
Euch habe ich nie als Arzt begleitet. Als Mensch habe ich es versucht. Dabei waren mir Hannes' verstorbene Eltern – ewige Freunde meiner Familie – immer in Gedanken. Vor allem „meine Tante Steffi", Hannes' Mutter habe ich so oft vor Augen gehabt und (warum auch immer): ich konnte spüren, wie sie um Hannes kämpft.
Dazu kam Helena. Eine unglaubliche, eine starke, eine unbeschreibliche Frau. Eine Frau, die durchs Feuer geht für die Liebe ihres Lebens. Eine Frau, die daran glaubt, dass es ein Morgen gibt. Eine Frau, die sich jeder Mensch als Partnerin nur wünschen kann.

Die Zeit der Erkrankung von Hannes war auch für mich eine besondere Zeit. Heute sind die SMS zwischen uns rar geworden. Das ist gut so: „alles hat seine Zeit…" steht es geschrieben. Das was bleibt, ist mein inniger Dank, in dieser schweren Zeit bei und mit Euch gewesen sein zu dürfen.

Von Herzen alles Gute für das Kommende, Euer Herbert

Ich habe erst am 12.2.2012 mit dem Schreiben begonnen. Es war als einmaliger Versuch gedacht in der Hoffnung, dass es mir hilft, meinen Kummer zu bewältigen. Schnell hab' ich gemerkt wie gut es mir tut, meine Seele auf diese Art zu entlasten und daher hab ich es beibehalten.

Die ersten beiden Tage und die erste Woche bis zum 12.2.2012 habe ich nachträglich rekonstruiert. Das Ereignis hat sich so in mein Herz gebrannt, dass ich es anscheinend jederzeit lückenlos abrufen kann……

Freitag, 3.2.2012
Hannes hat heute Nachmittag ein Eisstockschießen mit seinen Kollegen organisiert, wird aber nicht spät kommen, weil Michi (unser Freund) heute in Wien landet und möglicherweise gleich nach Graz durchstartet.
Um 15:15 kommt ein Anruf von Hannes: „Helena, bitte ich brauch' ganz dringend eine Behandlung – ich glaube, ich habe mich verrissen. Ich hab so schreckliche Kopfschmerzen und der Nacken tut so weh und übergeben habe ich mich auch….."
Ich mache sofort eine Fernbehandlung (es handelt sich dabei um eine „Pranavita-Behandlung", eine berührungslose Energieübertragung) und verlasse um 15:50 das Büro. Aus dem Auto rufe ich Hannes an, um zu sehen wie es ihm jetzt geht. Seine Kollegin Johanna hebt ab und sagt mir, dass

sie die Rettung gerufen haben und ihn ins Krankenhaus bringen lassen – im Hintergrund höre ich ein unmenschliches Brüllen vor Schmerzen – es ist Hannes…..!

Ich ändere sofort meinen Kurs und fahre nach Leoben, das ca. 70 km von Graz entfernt liegt. Die Gedanken jagen durch meinen Kopf. Um ca. 16:30 ruft Johanna mich wieder von Hannes' Telefon an. Sie sagt, dass es Hannes nun ein wenig besser geht, weil man ihm etwas gegen die Schmerzen gegeben hat. Sie wird bei ihm in der Chirurgischen Aufnahme bleiben bis ich eintreffe. Hannes möchte wissen, wo ich jetzt bin und wann ich im Krankenhaus sein werde. „Sag ihm bitte, ich brauche noch ca. 15 Minuten, ich bin schon in Niklasdorf." Plötzlich beschleicht mich ein unerkläriches Gefühl, das mich vorsichtshalber Günther (Hannes' ältesten Freund und Arzt) anrufen lässt und schildere ihm die Situation. Er sagt mir: „das kann schon so arg wehtun, wenn ein bestimmter Nerv zwischen den Schultern eingeklemmt ist. „Am besten packst ihn ein und ihr kommt nach Wartberg. Ihr bleibt das Wochenende bei uns und ich behandle ihn zu Hause."

In der Ambulanz darf ich sofort zu Hannes. Mittlerweile haben die Ärzte Schlaganfall und Herzinfarkt ausschließen können und ihn an einen Schmerztropf angeschlossen. Ich spreche Hannes an, halte meine Hand auf seine Stirn, aber er reagiert nicht auf mich. Er lallt unverständlich und muss sich übergeben.

Die Mannschaft kommt mir irgendwie aufgeregt vor. Man beschließt, ein CT zu machen. Ich ruf Günther nochmals an, beschreibe die Situation und sage ihm, dass ich das Gefühl habe, dass das linke Auge so „komisch steckt". Günther reagiert heftig: **„Scheiße, das ist eine Blutung!** Wenn das Auge steckt, dann ist das eine Blutung!!!!!"

Johanna verabschiedet sich, ich verspreche, mich zu melden, wenn es ein Ergebnis gibt. Ich gehe mit bis zum CT, wohin sie Hannes mit der Liege führen und warte vor dem Untersuchungsraum. Komme mir unwirklich in diesem Film vor, kann nicht realisieren, was da abläuft. Irgendwer kommt aus dem Untersuchungsraum und legt mir die Armbanduhr von Hannes in meine Tasche. Ich schau zu und hab das Gefühl, dass mich das alles gar nichts angeht. Es fühlt sich an, als ob ich einen Film sehe, bei dem ich irgendwie mitzuspielen scheine…. Auf einmal kommen Ärzte den Gang entlang gerannt und verschwinden im CT-Raum. Ich bringe das nicht mit Hannes in Verbindung. Später sagen sie mir, Hannes hat gekrampft und sie mussten ihn sofort sedieren (narkotisieren). Ein Arzt kommt und setzt sich zu mir: „Mit dem Ergebnis des CT steht fest: Es ist eine sehr große Blutung im Atemzentrum – das ist das Lebenszentrum - …..es ist sehr ernst!"

Hannes wird auf die Intensivstation gebracht, die Bilder werden nach Graz übermittelt und die Ärzte besprechen, was zu tun ist. Es wird überlegt, ob ein Chirurg nach Leoben fliegen soll. Ich muss auf dem Gang vor der Intensivstation warten, rufe Günther an, danach Mike und Michi (der inzwischen gelandet ist). Mit Mike vereinbare ich, dass ich mich wieder melde, wenn es Klarheit gibt. (Mike und Tini sind unsere besten Freunde in Graz). Johanna kommt unaufgefordert wieder zurück und bleibt bei mir. Sie hatte keine Ruhe zu Hause. Mike ruft an und sagt, dass Tini und er schon unterwegs nach Leoben sind. Ich bin so froh, dass ich nicht alleine bin! Irgendwann darf ich zu Hannes in die Intensivstation. Mittlerweile hat man eine Entscheidung getroffen: Da sie Hannes gut stabilisieren konnten, wird er mit dem Notarztwagen nach Graz gefahren. Der Arzt erklärt mir alles und ich bitte ihn, mir aufzuschreiben, wohin man Hannes bringt – ich bin so durcheinander, dass ich fürchte bis Graz alles vergessen zu haben. Ich halte Hannes' Hand, er wirkt friedlich in seinem narkotisierten Zustand. Der begleitende Notarzt verspricht mir, gut auf Hannes aufzupassen.

Man drückt uns zwei Plastiksäcke mit der Kleidung und den Schuhen von Hannes in die Hand. Ebenso wird mir in einem kleinen gelben Plastikumschlag sein Schmuck übergeben. Es fühlt sich alles so irreal an……...

Der Arzt sagt mir, dass ich keinesfalls selber mit dem Auto fahren soll. Wie gut, dass Mike und Tini gleich gekommen sind, so fährt Tini mit meinem Auto und mir nach Graz. Ich rufe meinen Sohn Richard und Hannes' Schwester Birgit an und schildere ihnen, was passiert ist. Birgit bitte ich, ihren zweiten Bruder Klaus zu verständigen. Zu Hause stellen wir mein Auto in die Garage und fahren gemeinsam mit Mike in die Klinik, wo sie Hannes hingebracht haben. Zum Glück ist diese nur 3 Autominuten von unserer Wohnung entfernt.

Der diensthabende Arzt erklärt uns die Fakten, die ich nur halb mitbekomme. Hannes hat eine sehr große Blutung im Kopf und wieder höre ich: „Frau Hasenhütl, es ist sehr ernst…" . Die Ursache der Blutung kann mit den CT-Bildern nicht eruiert werden, dazu muss am nächsten Tag eine Angiografie über die Vene in der Leiste mit einem Kontrastmittel gemacht werden. Jetzt ist er bereits im OP und es wird eine Drainage angebracht, damit der Hirndruck nicht zu groß wird. Wir erfahren noch, dass die Intensivstation überfüllt war, dass sie aber für Hannes eine Rochade durchgeführt haben, damit er nach Graz kommen kann. Das war - so glaube ich - das größte Glück überhaupt. Wir wissen sofort, dass Hannes hier in den allerbesten Händen ist!! Der Arzt erklärt uns noch, dass dieser Wetterumschwung (eine große Kälte ist eingebrochen) schuld daran ist, dass sie so viele Fälle haben.

Ich muss mit einer Schwester Formalitäten erledigen und währenddessen wird Hannes vom OP zurückgebracht und in eine Koje (so werden die Zimmer hier bezeichnet) gebracht.

Ich darf noch kurz zu ihm und dann werden wir nach Hause geschickt – hier gibt es jetzt nichts mehr zu tun für uns. Ich darf aber morgen gleich am Vormittag außerhalb der Besuchszeit kommen. Man drückt mir noch einen Zettel in die Hand mit Informationen über die Intensivstation und einer Telefonnummer, die ich zu jeder Tages- und Nachtzeit anrufen darf. Das beruhigt mich ungemein!

Zu Hause angekommen rufe ich Birgit, Michi und Johanna nochmal an und erzähle ihnen, dass der Transport gut verlaufen und Hannes stabil ist. Mit Günther führe ich ein langes Telefonat und er bestätigt mir, dass Hannes in den allerbesten Händen ist und wir froh sein müssen, dass man ihn nach Graz gebracht hat. Richard kommt zu mir… Ich erzähle ihm nochmal alles ausführlich. Wir halten uns gegenseitig fest und bemühen uns nicht unterzugehen, obwohl wir keinen Boden unter den Füßen haben.

Eine Riesenangst schnürt mir das Herz zu………..

Intensivstation Neurochirurgie

Samstag, 4.2.2012
Die ganze Nacht rasen Gedanken durch meinen Kopf und quälen mich. Irgendwann bin ich restlos erschöpft und schlafe kurz ein. Doch bereits ab 4 Uhr morgens renne ich planlos durch die Wohnung. Meine Gedanken fliegen in alle Richtungen, ich warte noch bis 6 Uhr, dann rufe ich auf der Intensivstation an, um zu erfahren wie es Hannes geht. „Er ist stabil" – diese Worte begleiten uns von nun an über viele Wochen….. „Er ist stabil" ist eine **sehr gute** Auskunft – auch das erfahre ich in den nächsten Wochen….

Ich darf schon am Vormittag zu Hannes (am ersten Tag hat man hier alle Rechte und darf außerhalb der Besuchszeiten kommen). Insgesamt gewinne ich den Eindruck, dass mir das allergrößte Verständnis entgegengebracht wird und Hannes hier sehr gut aufgehoben ist.

Für den Eintritt in die Intensivstation muss man im Stiegenhaus an einer Glocke läuten und dann das vereinbarte Kennwort nennen. Am Beginn des Ganges zur Intensivstation schleust man sich ein, wäscht und desinfiziert seine Hände. Handtasche, Handy und Jacken darf man nicht mitnehmen. Dafür gibt es

Kästchen. Von nun an habe ich in jeder Hosentaschc und in jcdcr Jacke ein zwei-Euro-Stück für das Kästchen.

Die Koje 1, in der Hannes liegt befindet sich am Ende des Ganges. Ich bin schrecklich nervös!!!!!
Ich habe den Stofflöwen mit, der ihm bei seiner Krebsoperation vor 14 Jahren geholfen hat zu kämpfen. Hannes' Schutzstein – ein Sugilith an einem Lederband hab ich dem Löwen um den Hals geschlungen. Die Schwester erlaubt mir, den Löwen mit zu seinem Bett zu nehmen – gutes Zeichen! Danke!
Hannes liegt mit seinem Kopfverband und mit einer Unmenge an Schläuchen versehen in seinem Bett. Zwei Monitore geben permanent Auskunft über seinen Zustand. Die Maschine atmet für ihn. Was von ihm zu sehen ist - Gesicht und Hände - sind aufgedunsen und unnatürlich groß.

Die leitende Stationsärztin spricht mit mir und erklärt mir, dass bei der heute durchgeführten Angiografie herauskam, dass die Blutung durch ein geplatztes Aneurysma verursacht wurde. Leider sitzt es an einer sehr kritischen Stelle, im Atemzentrum. Sie hat bereits mit dem besten Chirurgen wie sie sagt, gesprochen. Er hat sich auch bereit erklärt, trotzdem zu operieren. Allerdings befindet er sich auf einem Seminar. Er hat sein Kommen für den frühen Nachmittag zugesagt. Je nachdem, wie seine Anreise verläuft (es schneit und die Fahrverhältnisse sind schlecht) wird Hannes noch heute Abend, oder morgen Vormittag operiert – der Chirurg darf nicht müde sein! Sie erklärt mir noch, dass die OP nicht ohne Risiko ist – es kann zu einem Hirninfarkt kommen, das wäre dann …….. aber ohne OP hat Hannes praktisch auch keine Chance……. Ich bin froh, dass dieser Chirurg es wagt und bereit ist! Frau Doktor schickt mich heim und verspricht, mir sofort telefonisch Bescheid zu geben, wenn klar ist, wann operiert wird. Ich gehe nach Hause und setze meine ganze Hoffnung in diese Operation. Jetzt ist es höchste Zeit Christian (ein Kollege von Hannes und mein Mentor hinsichtlich Pranavita) zu verständigen und um Hilfe zu bitten.

Um 16:00 Uhr ruft die Ärztin an und kündigt die OP für heute um 18:00 Uhr an! Es wird ca. 3 Stunden dauern und sie wird mich wieder anrufen, wenn es vorüber ist. Mein Herz hüpft vor Freude! Ich verständige Richard, Birgit, Mike, Michi, Johanna, meine Eltern, Seppis, Günther, und natürlich Christian. AUFATMEN und DAUMEN HALTEN!!!!!!! Pranavita anwenden – alles, was ich gelernt habe, beten. Um 20:00 Uhr erreicht mich ein Anruf, die Nummer der Klinik scheint im Display auf….. Viel zu früh! Was hat das zu bedeuten? Ich wage kaum zu atmen, während mir die Ärztin sagt, dass mein Mann noch im OP ist

und versorgt wird und auch noch eine . Drainage angelegt wird, aber: „ES IST ALLES GUT GEGANGEN und ES WAREN ZWEI(!) ANEURYSMEN! Das geplatzte konnte verschlossen werden und das zweite wurde mitversorgt. Es ist alles gut verlaufen……….!"
MEIN GOTT, ICH DANKE DIR!!!!! Allen Schutzengeln, Erzengeln, allen da oben und unter uns: VIELEN VIELEN DANK!!!
Wie viele Tränen hat man eigentlich? Ich weine haltlos, weine meine tiefe Verzweiflung, diese große große Angst, und diese unendliche Erleichterung von meiner Seele! Bei allen, die ich jetzt anrufe findet das gleiche statt, alle weinen und freuen sich mit mir!
Ich hatte mir fest vorgenommen, nicht zu googeln, um nicht noch verwirrter zu werden. Jetzt mache ich es doch, weil ich gar nicht weiß, wie man Aneurysma richtig schreibt.
Am nächsten Tag erklärt mir die Ärztin: „Die Gefahr ist noch nicht gebannt, die nächsten 3-10 Tage sind die kritischsten, da kann noch **ALLES** passieren!"
Mein Lieblingssatz in diesen Tagen ist der Satz von ihr: „**Jeder Tag ist ein gewonnener Tag!**"

Günther bestätigt mir das. Er sagt, dass jetzt eine sehr schwere Zeit auf uns zukommt voller Bangen und Warten in der wir nur hoffen und beten können. „Es ist alles getan und jetzt liegt es in anderen Händen….". Er holt noch weiter aus: So wie es bei Hannes gelaufen ist, war es optimal für ihn: Dass er nicht alleine war, als es passiert ist, dass man ihn nach Graz transportiert hat, dass man ihn trotz der schwierigen Stelle operiert hat. Das alles ist ein Zeichen, dass der Herrgott ihn noch nicht zu sich holt. Mit der gelungenen OP sind seine Überlebenschancen von 20% auf 50 % gestiegen!" Da wird mir schlecht, weil es deutlich macht, wie dünn der Faden ist, an dem sein Leben hängt…….

Günther ist mir eine große Stütze: er kennt das Kennwort und macht in der Intensivstation telefonische Befundabfragen von Arzt zu Arzt und übersetzt sie mir. Anfangs telefonieren wir mehrmals täglich, später weniger, aber über all die Wochen werden wir ein eingespieltes Team. Er stärkt mir den Rücken und bestärkt mich in allem, was ich tu und wie ich es tu. Er lobt, dass ich das Ganze mit großer Nervenstärke meistere und meint, dass dies Hannes unheimlich hilft! Das baut mich auf! Danke, Günther!

Sonntag, 5.2.2012
Heute kommt Michi nach Graz. Ich rufe meinen Chef an und erzähle ihm, was passiert ist. Sage ihm, dass ich vorerst nicht kommen kann, weil Hannes mich jetzt braucht. Er ist tief betroffen und sehr verständnisvoll.
Richard kümmert sich rührend um mich, frühstückt und isst mit mir, hält mich fest, fragt mich oft, ob er bei mir bleiben oder mich alleine lassen soll, kauft ein, holt mich

fallweise von der Klinik ab und ist immer da, wenn ich ihn rufe.
Heute bringe ich Hannes persönliche Toiletteartikel mit. Außerdem habe ich ein paar „Glücksbringer" auf eine schöne Schleife gebunden: sein Lieblingsfoto von mir, ein Lavendelsäckchen aus Hvar, und ein Herzbillet mit Widmung. Das ganze bringe ich über seinem Bett an. Neben den Apparaturen stelle ich einen großen Rosenquarz auf, all das soll ihm viel Kraft und Energie geben……
Am Abend begleitet mich Mike zu Hannes.
Es gibt zwei Besuchszeiten auf der Intensivstation: 13:30-14:30 und 17:30-18:30.

Montag, 6.2.2012
Heute wurde ein erster kurzer Weckversuch gestartet. Dieser hat aber viel Stress für die Körperfunktionen und das Gehirn verursacht, bzw. keine sonstige Reaktion hervorgerufen, daher wird Hannes sofort weiterhin in den Tiefschlaf versetzt. Ich denke mir, dass es gut ist, wenn Hannes sich in Ruhe erholen kann.

Richard und Michi holen heute Hannes' Auto in Leoben, das ja noch immer vor dem Amt parkt. Nun steht auch der Aktenkoffer wieder zu Hause neben seinem Schreibtisch – so als wäre Hannes nur kurz weggegangen….„Wann kommst Du wieder heim, Hannes?"

Dienstag, 7.2.2012

Gestern Abend und heute Mittag war Michi mit bei Hannes, danach musste er schon wieder nach Wien fahren, um in das Flugzeug zurück nach Afrika zu steigen. Mir ist bewusst, wie schwer es ihm fällt, sich von seinem „schlafenden" Freund zu verabschieden und so weit weg zu sein. So gerne würde er jetzt an unserer Seite stehen und uns helfen. Er kann es leider nur von der Ferne und das Herz ist ihm schwer, weil die Frage im Raum steht, ob er Hannes je wieder sehen wird……..

Michi und ich haben uns entschlossen, den im April geplanten Segeltörn abzusagen und das bereits gecharterte Boot zu stornieren. Wir haben Angst und wagen nicht an die Zukunft zu denken…..

Konzertkarten für März verkaufe ich im Internet, gebuchte Urlaube storniere ich…….

Insgesamt verläuft **die erste Woche** in der Form, dass ich morgens in der Klinik anrufe, um zu fragen wie Hannes die Nacht verbracht hat. Danach renne ich bis ich zu Hannes gehen kann in der Wohnung im Kreis und nebenbei funktioniere ich irgendwie: Ich wasche Wäsche, putze, bügle, koche – aber es lenkt mich nicht ab. Fernsehen kann ich gar nicht – das macht mich nervös!

Ich trete in den Krankenstand, weil man mir das geraten hat und treffe bei meiner Hausärztin auf besonderes Verständnis (sie hat die gleiche Erfahrung selbst an Ihrer

Tochter machen müssen). Da mir langsam klar wird, dass es eine langwierige Geschichte werden wird, denke ich sogar an einen unbezahlten Sonderurlaub. Dazu muss ich mir aber einen Überblick über unsere Finanzen verschaffen. Ich rufe Hannes' Bankbetreuerin an und sie hilft mir mit Auskünften. Da ich nicht zeichnungsberechtigt bin und das System von Hannes es erforderlich macht, Geld von einem Konto auf ein anderes zu buchen, bin ich dankbar, dass Richard mir hilft. Mit den Bankomatkarten und den Codes, die ich aus dem Tresor erfahre, holt er die Kontoauszüge und langsam gewinnen wir einen Überblick. Ich rechne und Richard führt aus. Wir sind ein gutes Team! Hannes, du darfst echt stolz auf Deine „Firma" sein! ☺

Wie gesagt: Ich funktioniere irgendwie, gehe zweimal täglich zu Hannes, achte darauf, dass ich esse, schlafe, und frische Luft tanke. Deshalb gehe ich meistens beim Mittagstermin zu Fuß. Jetzt ist gerade der kälteste Teil dieses Winters. Und auf einmal werde ich belohnt: es schneit!! Ich liebe es, wenn es schneit – die Stadt wirkt ruhiger, die Luft ist gut und insgesamt ist es heller   Manchmal bringt Richard mich mit dem Auto hin und/oder holt mich ab. Wenn ich vom Mittagstermin nach Hause komme, trinke ich Tee, rolle mich auf dem Sofa ein und bin so erschöpft, dass ich sofort einschlafe. Ich stelle mir den Wecker, damit ich rechtzeitig wieder losstapfe, und um 17:30 wieder in der Klinik bin.

Unglaublich, wie schnell und bedingungslos man sich auf so eine Situation einstellen kann. Aber ich glaube, das gelingt nicht jedem so gut. Wir bekommen von allen Seiten bestätigt, dass wir das großartig meistern!

Ich weine viel und kann mit Worten nicht beschreiben, wie sich diese große große Angst anfühlt. Ich weiß nicht, ob Hannes je wieder nach Hause kommt, will diese Gedanken auch gar nicht denken, aber sie schleichen sich ein und immer hoffe ich, dass sie schnell wieder weggehen, aber das tun sie nicht – sie begleiten mich jeden Tag, jede Stunde…..

In meiner Schwägerin Birgit habe ich lange schon eine Seelenverwandte. In diesen schweren Tagen aber gewinnt diese innige Beziehung immer mehr an Bedeutung. Birgit teilt jede Hoffnung, jedes Lachen und jedes Weinen mit mir. Sie fühlt meine Sorgen und Nöte so, als ob wir beide eine Seele wären. Wir haben täglich mehrmals Kontakt. Nur selten sehen wir uns, dann halten wir uns ganz fest und verstehen uns ohne Worte…. Es ist ein wunderbares Gefühl, so einen Menschen zu kennen!

Ich bin sehr dankbar!

Sehr viel Zeit und Energie kosten sämtliche Telefonate und sms. Heute waren es 40!!

Ich bin sehr bemüht, allen nachzukommen weil ich natürlich auch verstehe, dass sich alle um Hannes sorgen. Aber sehr schnell baue ich ein Netzwerk auf mit der Bitte, dass sich die Leute untereinander verständigen. Ich muss mich dahingehend entlasten. Richard hat von mir eine Liste mit Namen und Nummern der wichtigsten Menschen bekommen, damit er reagieren kann, bzw. weiß, wen er anrufen kann, falls er Hilfe braucht, wenn ich nicht (mehr?) in der Lage sein sollte, das alles zu meistern. Manchmal habe ich Angst, dass ich den Verstand verliere.

Klaus (Hannes' Bruder) hat mir gesagt, dass es wichtig ist immer mit Hannes zu sprechen, wenn man bei ihm ist. Da man aber schlecht eine Stunde lang allein reden kann, kann man auch vorlesen. Wichtig ist, dass Hannes eine bekannte Stimme hört. Der Tipp war sehr gut und so lese ich Hannes sein geschätztes BUCH „Du schaffst es" vor.
Zweimal begleitet mich Lisa (unsere Nichte) und liest, während ich die Fußsohlen massiere. Die Fußsohlenmassage bekommt er bei jedem meiner Besuche! Sie ist zum festen Bestandteil geworden, weil es mir ein wenig von der Hilflosigkeit nimmt, die sich einstellt, wenn man vor einem leblosen Körper sitzt. Außerdem hat Hannes die Fußsohlenmassage immer geliebt und ich bilde mir wenigstens ein, dass er es auch jetzt mag.

Ich weine viel, hab so eine große Angst! Aber ich rufe mir immer wieder Hannes' Worte in Erinnerung: **"Angst ist immer ein schlechter Partner"** und so gebe ich mir die allergrößte Mühe, dieser Angst keine Energie zu geben. Ich mache viele Pranavita-Behandlungen, komme zu Hause gut zur Ruhe, bin jedes Mal hochgradig nervös, wenn ich zu Hannes gehe und dazwischen bin ich unheimlich erschöpft.

Seit gestern besucht Klaus Hannes und wird es auch in Zukunft ein/zweimal pro Woche einrichten können. Er lässt sich mir gegenüber seine Sorgen um seinen Bruder nicht anmerken, wohl um mich zu schonen….

Ich habe begonnen, Hannes' Post zu öffnen, was eine Hürde für mich war, denn wir haben das „Briefgeheimnis" gegenseitig von Anfang an respektiert. Ich trenne wichtiges von unwichtigem und erledige, was keinen Aufschub duldet.

Sonntag, 12.2.2012
Hannes befindet sich seit 10 Tagen im künstlichen Tiefschlaf. Seit Tagen mache ich mir Gedanken darüber, wie es sein wird, wenn er aufwacht. Was sagt man ihm alles? WER sagt ihm WAS? Ich habe auch schon eine Schwester darauf angesprochen, diese hat mir erklärt: „Man muss den Patienten 200 mal sagen, was passiert ist, manche realisieren es

nie…. Es ist nicht wie im Film, wo der Patient die Augen öffnet und fragt: „wo bin ich?""
Man weiß aber nie, was der Patient mitbekommt, daher sprechen die Pfleger und Schwestern den Patienten immer an, und erklären jede Aktion, die durchgeführt wird – egal, ob der Patient schläft oder wach ist. Das finde ich unheimlich schön.
Die Frage aber beschäftigt mich ständig und ich denke, es wäre gut, mit einem Anästhesisten zu sprechen, der Erfahrung damit hat. Und heute Morgen war mir plötzlich alles sonnenklar: Mit Dr. Herbert K. muss ich sprechen! Herbert ist Anästhesist und steht der Familie von Hannes seit seiner Kindheit sehr nahe! Gleichzeitig arbeiten wir im selben Unternehmen und haben einen guten Draht zueinander. Ich wundere mich, dass ich nicht eher drauf gekommen bin – egal jetzt weiß ich es ja (danke Hannes-Mutti im Himmel – diese Eingebung kommt von Dir!) Ich rufe unseren Portier an und erfahre, dass Herbert heute Dienst hat…… So ein schöner „Zufall". Ich führe ein sehr langes Telefonat mit Herbert und erfahre viel Wertvolles. Er vermittelt mir auch sehr viel Verständnis für **meine** Lage und sagt mir: „Was du jetzt leisten musst, ist schwere Arbeit! Du musst jetzt ganz viel verarbeiten. Nimm keine Dämpfer ein! Alles, was jetzt nicht von Dir bewältigt wird, kommt später wieder hoch, aber noch viel viel stärker!"

Ich bin froh, dass ich Herbert „mit ins Boot geholt habe". Von nun an haben wir intensiven Kontakt, sehr gute Gespräche und täglich schickt er mir ein sms, das mich motiviert. Er hilft mir, die schwere Last zu tragen! Danke Herbert!

Montag, 13.2.2012
Meine Kolleginnen und der Chef haben mir einen riesengroßen Blumenstrauß und eine Karte nach Hause bringen lassen. Ich erfahre so unendlich viel Mitgefühl und Verständnis. Ich habe mit meinem Arbeitgeber und meinem wunderbaren Team so ein Riesenglück – DANKE! Was täte ich nur ohne Euch?
Ich befinde mich noch immer im Krankenstand und grüble ständig darüber nach, wie ich für mein Büro eine glatte Lösung erzielen kann und meine Kollegin nicht so lange alleine alles meistern muss. Ich denke dran, Tamara zu fragen, ob sie wohl bereit wäre, einen Monat früher aus ihrer Karenzzeit zurückzukommen. Viele Gedanken gehen durch meinen Kopf, obwohl mein Chef mir sagt, ich solle mir diesbezüglich keine Sorgen machen, er trägt alles mit, was mich unterstützt. Diese Unterstützung, die ich von ihm und von meinen Kolleginnen erfahre ist so großartig und gibt mir die Möglichkeit, uneingeschränkt für Hannes da zu sein.

Seit 10 Tagen stand der Sack mit der Kleidung von Hannes im Vorzimmer. Ich wagte es nicht, ihn auszupacken. Heute fasse ich mir ein Herz: Die gesamte Oberbekleidung wurde an der Vorderseite aufgeschnitten….. Mir wird schlecht bei diesem Anblick! Die Jeans stecke ich in die Waschmaschine, den Rest werfe ich in den Müll – Hannes wird schimpfen, es war einer seiner Lieblingswinterpullis. Ich möchte durch nichts an diesen Tag erinnert werden!

Dienstag, 14.2.2012
Heute ist Valentinstag, meine Nachbarin hat mir einen Gruß und „Baldrian-Dragees für die Nacht" an die Tür gehängt……ich freue mich über jede Zuwendung!
Habe alles Hannes erzählt, leider darf man auf die Intensivstation keine Blumen bringen, aber über jedem Bett sind an der Decke Wandtatoos angebracht. Ein schöner Gedanke, dass die Patienten Blumen sehen, wenn sie die Augen öffnen…. „Hannes, über Deinem Bett sind Sonnenblumen, du liegst genau im richtigen Bett"!
Mittlerweile nehme ich auch wahr, dass in jeder Koje vier Patientenbetten stehen und Männer und Frauen gemischt sind. Inzwischen „kenne" ich auch die Angehörigen. Man spricht aber kaum miteinander, weil jeder mit seinem Lieben beschäftigt ist und bei jedem der Schock noch sehr tief sitzt.
Bei Hannes wird ein weiterer Weckversuch unternommen. Dieser wird aber ganz sanft eingeleitet, d.h. die Dosierung des Narkosemittels wird langsam reduziert,

gleichzeitig werden Schmerz- und Beruhigungsmittel höher dosiert. So wird er ganz langsam aufwachen. Der Körper braucht auch Zeit, um das viele Narkosemittel abzubauen. „Geduld, Freunde, Geduld" – ich hab mich längst daran gewöhnt….

Mittwoch, 15.2.2012
Seit über einer Woche stehe ich zweimal täglich für jeweils eine Stunde am Bett meines „schlafenden" Mannes. Sein Körper wirkt leblos, die Maschine atmet für ihn, der Anblick ist immer der gleiche. Ich spreche mit ihm, erzähle ihm von unserem wunderbaren Leben, lese
aus dem Buch vor, halte seine Hände und massiere seine Füße. Ich sehne mich sooo sehr nach einem Lebenszeichen von ihm, irgendetwas….
Bevor ich gehe, mache ich jedes Mal ein Kreuzzeichen auf seine Stirn: „Gott beschütze Dich, ich liebe Dich". Das mache ich nicht, weil ich so „gläubig" bin, sondern weil dies ein Ritual zwischen uns war, wenn einer von uns ohne den anderen auf eine Reise ging….
Meine Gefühle fahren jeden Tag auf einer Hochschaubahn, Hoffnung und Freude wechseln permanent mit Enttäuschung und Traurigkeit….. wie lange kann man das aushalten?

Heute habe ich zum ersten Mal schon vor Ende der Besuchszeit die Klinik verlassen. Ich stand an Hannes' Bett, konnte mich nicht aufs Lesen konzentrieren. Meine ungeweinten Tränen (ich weine nicht bei Hannes, weil ich ihm Kraft bringen will und keine negative Energie erzeugen möchte) erstickten meine Stimme. Hab dann aufgehört zu lesen und wie üblich seine Füße massiert. Auf einmal hab ich Gänsehaut bekommen. Heute war eine eigenartige Energie im Raum, wie ich sie vorher noch nie wahrgenommen hatte. Ich habe Hannes nicht „gespürt". Ich wusste plötzlich nicht mehr, ob er „noch da ist". Es war ein so beklemmendes Gefühl für mich, dass ich gehen musste. Ich war so durcheinander, dass ich nicht gleich nach Hause bin, sondern einen Spaziergang durch den Leechwald gemacht habe. Eine Erinnerung kam plötzlich hoch: Als mein geliebter Schwiegervater gestorben war, ging es mir lange Zeit körperlich sehr schlecht. Ich hatte ihn ein Jahr lang intensiv begleitet und konnte seinen Tod nicht verwinden, bis meine Schwiegermutter mich erlöst hatte: „Wir müssen unsere geliebten Menschen loslassen, sonst können sie nicht in Frieden gehen." Mit diesen Worten ist es mir gelungen, mich von ihm zu trennen…..

Dies alles war plötzlich präsent in mir. Gleichzeitig spürte ich Hannes hier im Wald viel intensiver und fühlte mich ihm näher als an seinem Bett. Das bewog mich, ihm „zu sagen"

er solle sich nicht **für mich** quälen, er solle das tun, was **für ihn** am besten ist….. Wenn er schon etwas gesehen hat, was ihm besser gefällt als diese Welt, soll er sich keine Sorgen um uns machen…….
Ich genieße die Stille und eine Art Ruhe und Frieden in mir, Tränen strömen über mein Gesicht, „Hannes, ich liebe Dich!" Zu Hause nehme ich eine großen Schluck von Seppi´s Kümmel: „Auf einen schönen Segeltag, Hannes……."

Donnerstag, 16.2.2012
Heute ist deutlich zu bemerken, dass die Narkose ihre Wirkung mehr und mehr verliert. Der Beatmungsschlauch führt vom Mund in die Luftröhre und bringt Hannes immer wieder zum Würgen. Es wird ein Luftröhrenschnitt, eine sog. Tracheotomie durchgeführt. Mit dieser Öffnung im Hals soll die Beatmung verbessert werden und gleichzeitig plagt ihn dann der Schlauch im Mund nicht mehr.
Donnerstags war immer „Herrenabend", an dem sich die Freunde in einem Lokal trafen, und so kommt der treue Mike auch heute Abend zu Hannes. Er hat es auch übernommen, unseren Freund Michi per Mail von Hannes zu berichten. Anfangs tat ich das auch, aber da sich Hannes' Zustand ständig ändert, hab ich aufgehört, ins Detail zu gehen. Michi konnte manchmal erst Tage später darauf reagieren und es wurde mühsam auf seine Fragen einzugehen, wenn die

Angelegenheit bereits obsolet war. Außerdem ist mir in den Sinn gekommen, dass meine Eindrücke ja auch nur „Momentaufnahmen" waren – zwei Stunden am Tag – ich hatte ja selbst keine Ahnung, was in den übrigen 22 Stunden abgeht…… Zeit ist für mich nur mehr ein leeres Wort.

Mit Birgit und Günther telefoniere ich jeden Tag, manchmal sogar mehrmals. Auch mit Christian führe ich lange Telefonate. Diese Gespräche tun mir unwahrscheinlich gut.
Mein Sohn Richard entwickelt sich zu einem starken und für mich unverzichtbaren Partner. Er ist es, der mich ganz fest im Arm hält, wenn ich weine und seine Stärke ist es, die sich auf mich überträgt. Ohne ihn würde ich wohl kaum etwas essen, ohne ihn wäre ich manchmal gar nicht erst aufgestanden…..
Ich bin so unheimlich froh, dass ich diese Menschen um mich habe.

Freitag, 17.2.2012
Heute, 2 Wochen nach dem Ereignis hat Hannes **zum ersten Mal seine Augen kurz geöffnet!**
Er reagiert noch nicht auf mich, aber ich registriere jede Mimik in seinem Gesicht wie bei einem schlafenden Baby und freue mich über jede kleine Bewegung. DAS LEBEN IN IHM IST WIEDER SPÜRBAR – DANKE LIEBER GOTT!

Immer wieder erreichen mich Anrufe von außenstehenden, die ihre Besorgnis und ihr Mitgefühl ausdrücken. „Hannes, Du ahnst nicht, wie viele Menschen Dein (unser) Schicksal berührt und wie viel Anteilnahme uns entgegengebracht wird!"

Sonntag, 19.2.2012
Die letzten Tage vergingen mit großer Spannung und Besorgnis: „Wie wird Hannes' Zustand sein, wenn er völlig wach ist? Erkennt er mich? Woran kann er sich erinnern? Kann er sprechen, lesen, schreiben……? Reagiert er überhaupt?????????????
Sehr oft muss ich ganz tief Luft holen, weil mir die Situation schwer auf der Seele liegt und mir den Atem nimmt!

Montag, 20.2.2012
Das System der österreichischen Sozialversicherung sieht vor, dass man bei länger andauerndem Krankenstand beim Chefarzt der Krankenkasse vorstellig wird, damit er sich ein Bild machen kann. Meine Hausärztin hat mir letzte Woche versichert, ich solle mir keine Sorgen machen, ich sei keinesfalls arbeitsfähig und nötigenfalls würde sie das auch mit einem Chefarzt diskutieren. Auch mein Chef unterstützt mich und zeigt großes Verständnis für mich, versichert mir, dass meine Kolleginnen gut zusammenhalten

und für mich mitarbeiten. Ich solle mir keine Gedanken darum machen.
So nehme ich heute den Termin in der Krankenkasse wahr und erfahre größtes Verständnis durch den Chefarzt. Er bietet mir sogar therapeutische Hilfe an, weil es darum gehe, dass ich möglichst unbeschadet aus dieser Situation herauskomme und verlängert meinen Krankenstand um 3 (!) Wochen! Mein Gott, hab ich ein Glück, ich kann noch bei Hannes bleiben und muss keinen unbezahlten Sonderurlaub beantragen!

Was für ein Tag! Nur gute Nachrichten:
Hannes hat heute Vormittag EINE STUNDE lang selbstständig geatmet! Während meines Besuches formuliert er mit den Lippen ein Wort: „Scheiße!" Die Ärztin lacht und sagt: „Das ist gut! Er hat die Situation, in der er sich befindet erkannt und er hat ja Recht damit, er darf *Scheiße* sagen!"
Abends bin ich ziemlich aufgeregt und gespannt, ob ich mir das alles wohl nicht nur eingebildet habe und ob Hannes wieder mit mir kommuniziert.
Und ja, es ist wahr: seine Lippen sagen: „I di a" als Antwort auf mein *ich liebe Dich*!
Wie kann ich nur erklären, wie sich das heute anfühlt? Worte reichen hier nicht mehr……..
Danke Danke Danke und Tränen fließen und ich bin sooooo müde!

Dienstag, 21.2.2012

Heute Mittag begleitet mich Sissy, Hannes' Kusine für ein paar Minuten. Ich weiß, dass Hannes sehr viel Ruhe haben muss und daher gestatte ich nur sehr wenigen Auserwählten einen Besuch. Sissy nimmt von Kindheit an eine besondere Stellung bei Hannes ein und auch umgekehrt ist Hannes ein „Lebensmensch" für Sissy. Wir sind beide sehr aufgeregt, Hannes erkennt sie und wir sind alle überglücklich! Ich weiß, dass Sissy dieser Besuch sehr geholfen hat und freue mich, dass es so gut geklappt hat!

Am Abend kommt Christian, Hannes' Kollege mit. Er hat mich um einen Besuch gebeten, weil es ist ihm sehr wichtig ist. Ich freue mich riesig auf ihn, weil ich spüre, dass es für uns alle gut ist und er Hannes außerdem energetisch sehr gut helfen kann.

Dieses Aufeinandertreffen ist äußerst rührend für mich. Christian hat heimlich ein Küstenpatent erworben und übergibt Hannes diesen Ausweis mit dem Wunsch, einmal gemeinsam mit ihm zu segeln. Hannes hätte das vor Jahren so sehr gewollt, aber Christian war nicht dazu bereit und irgendwann später bekam die ursprünglich sehr gute Beziehung zwischen den beiden Kollegen aufgrund unterschiedlicher Ansichten einen großen Knacks.

Mit der Übergabe des Ausweises entschuldigt sich Christian gleichzeitig bei Hannes und bittet ihn, alle Diskrepanzen zwischen ihnen zu begraben und wieder gemeinsam mit ihm nach vorne zu blicken.

Hannes reagiert eindeutig auf alles mit Blicken und Gesten und macht uns außerdem eine Riesenfreude, denn zum üblichen Wort kommt ein weiteres „Lippenbekenntnis" (weil ohne Stimme): Christian will sich verabschieden und Hannes fragt: „Gehst Du schon?" Christian und ich „übersetzen" es laut wie aus einem Mund!

Dieser Besuch war so schön für uns alle, Hannes hat sogar ein paar Mal gelächelt und Christian zum Abschied gewunken. Tränen rinnen über mein Gesicht…….

Hannes, ich bin sooooo stolz auf Dich!

Christian ist gegangen, ich genieße noch und als Krönung wirft mir Hannes auf mein „gezwitschertes" Bussl nun den ersten Kussmund zu…..

Heute schwebe ich nach Hause!

Mittwoch, 22.2.2012

Heute hat meine Mama ihren 70. Geburtstag. Meine Eltern leben in Leoben und wir hatten bis heute noch keine Gelegenheit uns zu drücken. Wir telefonieren zwar sehr oft miteinander, aber für Besuche hatte ich einfach keine Zeit und keine Kraft. Für meine Eltern ist die ganze Situation sehr belastend: Einerseits ist da die große Sorge um ihren Schwiegersohn, andererseits müssen sie ihr eigenes Kind in seinem großen Kummer erleben und können nicht wirklich helfen. Es ist diese Ohnmacht, die jeden von uns fertig macht…..

Ich habe entschieden, den Geburtstag nicht sang- und klanglos vorbeigehen zu lassen, obwohl meine Mutter es sicher akzeptiert hätte. Es kostet mich zwar einen Riesenanlauf, aber aufschieben will ich gar nichts mehr. Wir verabreden uns in einem Kaffeehaus in Graz. Richard begleitet mich und es tut uns allen erstaunlich gut, einander zu sehen zu spüren und zu reden. Gleich im Anschluss an das Treffen fahr ich mit dem Öffi zu Hannes.

Hier muss ich erfahren, dass man heute die Drainage getauscht hat, wodurch Hannes unter kurzer Narkose war und daher natürlich müde ist. Sonst alles stabil……….

Donnerstag, 23.2.2012
Nach fünf glücklichen Tagen werden wir heute mit einem neuen Problem konfrontiert: Beim gestrigen Drain-Tausch wurde Gewebe verletzt und diese neuerliche Einblutung wird Hannes laut ärztlicher Auskunft wieder „3-4 Tage zurückwerfen". Günther hat mir erklärt, dass das bei den Riesenfortschritten, die er schon gemacht hat, nicht so dramatisch sei und es und es keinen Anlass gäbe, sich zu ängstigen. So bedrohlich wie seine Situation schon war, sei es keinesfalls!

Es ist unglaublich, wie schnell sich die Angst wieder einstellt…… Hannes schläft mittags und auch abends, man sagt mir, der Körper brauche ganz viel Ruhe…… er tut mir unendlich leid!

Heute (Donnerstag - Herrenabend) hat Mike mich gefragt, ob ich glaube, dass Hannes es will, dass man ihn so sieht….. Ich weiß es nicht! Mike hat gemeint, vielleicht könnte ich das irgendwie mit ihm abklären…. Wie bitteschön, soll das gehen???

Er hat ihn ja selbst erlebt und muss wissen, dass man jetzt noch keine klare Antwort erwarten darf! Die Situation macht uns alle ratlos und damit hilflos. Ich bin sooo traurig, fühle mich alleingelassen. Viele Gedanken jagen durch meinen Kopf, manchmal glaube ich, ich ertrage die Situation in der Intensivstation nicht mehr…. Richard hat eine Engelsgeduld mit mir, seinetwegen reiß ich mich zusammen und lass mich nicht fallen…… lieber Gott, hilf uns bitte!

Freitag, 24.2.2012

Heute, genau 3 Wochen nach dem tragischen Vorfall habe ich eine Vision:

Ich sehe Hannes und mich in unserem zukünftigen Leben: Wir genießen es, Hannes ist in Pension und wir verbringen die besten Jahre unseres Lebens gemeinsam, gesund und glücklich - eine wunderschöne Vorstellung! Der Glaube kann Berge versetzten – ich GLAUBE daran! Danke für ein neues aufkeimendes Lebensgefühl!

Samstag, 25.2.2012

Richard schafft es sehr gut, mich zu motivieren und so habe ich ihm „versprochen" für einige Stunden nach Bad Waltersdorf in die Therme zu fahren. Sauna und Wasser waren für mich immer eine Quelle, aus der ich sehr gut Kraft schöpfen konnte. Diesmal muss ich mich wirklich zwingen und ich brauche einen Riesenanlauf, um nicht zu kneifen, aber ich will vor allem Richard nicht enttäuschen. Im Nachhinein bin ich froh, dass ich es gemacht habe, denn es hat mir sogar in dieser Situation sehr gut getan. Die Entspannung hilft der Seele ungemein. In der Therme stellte ein Schmuckverkäufer seine Werke aus: BERNSTEIN! Hab für Hannes ein Armband gekauft, unter fließendem Wasser gewaschen, in der Sonne mit Energie aufladen lassen und Hannes am Abend auf das Handgelenk gegeben. Abends führte ich ein sehr langes Telefonat mit Christian. Er feuert mich an, sagt mir, wie er meine positive Ausstrahlung auf Hannes erlebt hat und dass Hannes bei mir wie bei einer Tankstelle andocken und aufsaugen kann. Christians positive Energie tut mir unwahrscheinlich gut!

Mittwoch, 29.2.2012

Der mit 3 - 4 Tagen prognostizierte Rückschritt stellt sich leider nicht so harmlos dar. Fakt ist, dass Hannes beim ersten Aufwachen viel besser in das Bewusstsein gekommen ist und Arme und Beine bewegen konnte.

Jetzt ist die linke Seite zur Gänze inaktiv und das Bewusstsein will (oder kann) nicht und nicht zurückkommen……..
Dazu kommt eine Infektion im Gehirn, die mit Antibiotika bekämpft wird….
Am 24.2.2012 wurde der Drain wieder getauscht, weil es durch die Blutung verstopft war….
Ich spreche lange mit der Ärztin. Sage ihr, dass für mich der Unterschied zum ersten Aufwachen ein sehr großer ist. Bei der ursächlichen Blutung hat man mich damit beruhigt, dass es nicht ins Gehirn, sondern lediglich in die Zwischenräume eingeblutet hat. Ich lasse nicht locker und will wissen, wie es sich dahingehend bei der jetzigen Blutung verhält. Schließlich rückt sie mit der Wahrheit raus und erklärt, dass die Blutung diesmal im Vorderhin sitzt (Sitz des Bewusstseins, möglicher Distanzverlust – manche greifen dann alle Menschen einfach an). Will ich das wirklich wissen?? Bitte lieber Gott, mach, dass das nicht so blcibt!!
Ich geh nach Hause, mir ist schlecht, was soll bloß werden???

Donnerstag, 1.3.2012
Neuer Tag, neue Chance: Heute hat HANNES mich wieder angeschaut! Nicht durch mich durch, sondern MICH angesehen! ☺☺☺
CT-Befund: gut, die Ärzte sind zufrieden! Jetzt kommt die Zuversicht wieder.

Zu Mittag kommen die Physio- und die Ergotherapeutin und setzten Hannes „Querbett", das bedeutet, Schuhe werden angezogen und Hannes sitzt auf einer Seite des Bettes und hat die Beine auf dem Boden. Die Physio kniet hinter ihm und stützt seinen Oberkörper. Ich darf mich neben ihn setzen, lege seine Hand auf meinen Oberschenkel und er tätschelt ihn – was für ein Gefühl! ☺

Am Abend gibt es Stäbchen mit echtem „weißem Spritzer"! Ich schwebe auf einer Wolke!

Wie lange kann man eigentlich diese Hochschaubahn der Gefühle aushalten? Ich sollte feiern, aber ich bin nur noch müde……

Freitag, 2.3.2012
Zu Mittag sitzt Hannes im Rollstuhl neben dem Bett und man erzählt mir, dass er passierte Früchte gegessen und ein Glas alkoholfreies Bier getrunken hat. ☺

An den Anblick, den Hannes sitzender Weise bietet, muss man sich gewöhnen. Er ist abgemagert und besteht nur noch aus Haut und Knochen, für mich aber ist er der allerschönste! Die Patienten machen im Bett liegend einen viel „gesünderen" Eindruck, erst im Sitzen fällt auf, wie schwach und kraftlos die Körper sind. Rundherum werden sie mit Pölstern und zusammengerollten Tüchern gestützt um zu verhindern, dass sie in sich zusammenfallen. Vor allem der Kopf ist so schwer und muss gehalten werden…..

Heute tritt zum ersten Mal der Chirurg, der Hannes operiert hat persönlich auf, begutachtet Hannes kurz und erklärt dann sehr knapp und sachlich: „Das schaut ja schon ganz gut aus! 50 % der Menschen überleben das nicht!" Wow! Das war eine Wucht, aber ok – er *darf* das, er hat Hannes am 4.2.2012 mit der OP das Leben gerettet!

Abends bringe ich Hannes ein kleines Fotoalbum mit verschiedenen Fotos von Familie, Freunden, Urlauben, etc., das Deckblatt ist ein Foto vom letzten Jahr: unser 20. Hochzeitstag…. Alles ist gut!

Die Tage vom 3.-6.3.2012 sind „Ruhetage", Hannes ist müde, aber die Ruhe tut uns gut, wenigstens passiert nix….Immer wieder sage ich zu Hannes „danke für unser wunderbares Leben, es ist so schön und es ist wert dafür zu kämpfen, bitte komm wieder zu mir nach Hause und leb Dein Leben mit mir! Ich vermisse Dich so sehr, bitte lass mich nicht allein, ich brauche Dich und ich liebe Dich! Ich singe ihm den song vor, den ich so oft von ihm hören durfte: „Darling, i need your body"

Mittwoch, 7.3.2012
Dieser Tag hat eine besondere Energie! Hannes ist müde, hat seit gestern wieder ein neues Drain, weil das alte genässt hat. Dieses Mal behafte ich es positiv: Ich setzte meine ganze Hoffnung in dieses neue Drain: Die Infektion wird mit dem Antibiotikum in den Griff

genommen und das neue Drain funktioniert perfekt! Konnte abends erst um 18:00 Uhr zu Hannes und durfte bis 18:45 bleiben. Hab mit meiner Kollegin Andrea ein sehr langes und gutes Gespräch geführt. Dabei hab ich zum ersten Mal wieder so etwas wie Lust auf meine Arbeit verspürt. Ich habe immer sehr gern gearbeitet und konnte mir bis vor kurzem gar nicht vorstellen, länger ohne sie zu sein. Bin dann auf dem Balkon gesessen und ganz plötzlich hab ich es in meinem Herzen gespürt: **Hannes ist über dem Berg! Er schafft es!** Lieber Gott, lass dieses Gefühl nie mehr weggehen – BITTE!
NS: Heute haben drei Schwestern unabhängig voneinander gesagt, es ist deutlich bemerkbar, dass Hannes besser drauf und wacher ist, wenn ich da bin, bzw. da war! Haben die sich abgesprochen?

Donnerstag, 8.3.2012
Bin zwar erst um halb 3 eingeschlafen, war aber um 8:30 ziemlich fit und ausgeschlafen. Hab' Stiefmütterchen besorgt und alle Kistchen an den Fenstern und auf dem Balkon bepflanzt – Hannes liebt den Frühling und hat selbst sehr oft Blumen gepflanzt. Ich denke mir, egal, wann er heimkommt, es müssen auf alle Fälle Blumen da sein! Danach bin ich voll Freude und Energie zu Hannes. Er hat die ganze Besuchsstunde seitlich gelegen und mir in die Augen geschaut, nix „gesagt", aber trotzdem bin ich zuversichtlich! In der Drainage

ist deutlich weniger Blut und der Arzt hat gesagt, man probiert ihn davon zu entwöhnen, möglicherweise kann er sogar ohne Shunt auskommen, was sehr schön wäre. Außerdem sollte er von der Intensivstation in die Rehabilitation kommen, was seinen Fortschritt unterstützen wird.

Nachdem sich Hannes sehr teilnahmslos verhält und keinerlei Reaktion zeigt, hab ich meinen Kopf auf sein Bett gelegt, damit er mir in seiner Liegeposition gerade ins Gesicht sehen kann und hab sehr eindringlich auf ihn eingeredet: „Hannes, Du bist der Chef! Du kannst wieder ganz gesund werden! Es steht nirgendwo geschrieben, dass Du Dein restliches Leben im Bett verbringen musst! Du schaffst es!" Das alles waren Glaubenssätze, die sich Hannes schon bei seiner Krebserkrankung zurechtgelegt hatte. Ich sage ihm aber auch immer und immer wieder, wie tapfer er ist und was er schon alles geschafft hat und dass er sooo stark ist und ich unsagbar stolz auf ihn bin!!

Lieber Gott, bitte mach es wahr und bitte hilf uns!

Freitag, 9.3.2012

Heute gibt es wenig Grund zur Freude, die Schwester bestätigt, dass die linke Seite (Arm und Bein) deutlich beeinträchtigt sind – ohne Bewegung.

Auch sonst keine Reaktion auf irgendetwas…. Der Blick geht ins Leere – was, wenn dieser Zustand bleibt??? Das ist ja das Horror-Szenario….!!!

Samstag, 10.3.2012
Nachdem ich Sissy Hühnersuppe gebracht habe, weil sie krank ist und ihre Männer nicht kochen können, bin ich wieder nach Bad Waltersdorf gefahren und hab 3 Stunden Therme in der Sonne genossen – man kann zwar seinen Sorgen nicht davonfahren, aber die Sonne, die Therme und die andere Umgebung tun so richtig gut! Und ich weiß ja: Ich kann Hannes nur Energie geben, wenn ich selber welche habe!
Klaus hat mich angerufen und gesagt, er glaubt, er hat Hannes heute „beleidigt": Man hat ihn zu Mittag in den Rollstuhl gesetzt und mich angekündigt (obwohl ich gesagt habe, dass ich heute erst abends komme) dann kam aber Klaus und Hannes hat ihn ganz groß angeschaut…. ☺ Wir alle freuen uns über jede Kleinigkeit, die glauben lässt, dass Hannes alles mitbekommt.
Abends: Hannes sitzt im Bett und reagiert mit Blicken und Gesten, versucht mit einem Stift zu malen, reagiert auf die Fotos, die wir gemeinsam ansehen und genießt sein Stäbchen, das mit „weißem Spritzer" getränkt ist. Alles ist insgesamt sehr positiv. ☺

Sonntag, 11.3.2012
Darf schon am Vormittag zu Hannes, die diensthabende Schwester hat es erlaubt und bindet mich so gut es geht ein. Was für ein Tag! **HANNES IST ZURÜCK!**
Meine heutigen Besuchszeiten: 10:00 – 11:30
13:30 – 15:00
17:30 – 18:30
Hannes ist immer munter und kommuniziert mit mir. Auf die Frage, ob er den Geschmack am Stäbchen erkennt – es ist weißer Spritzer – und ober es mag, sagt er zum ersten Mal mit **seiner Stimme** „Ja" Tränen rinnen über mein Gesicht, sage ihm wie glücklich ich bin, dass er da ist und so tapfer kämpft und wie sehr ich mich auf ihn freue. Danke für unser wunderbares Leben, danke, dass Du bei mir bleibst! Ich brauche Dich, ich liebe Dich!
Mein Gott, wie glücklich ich bin. Hab Hannes CD-Player und Musik mitgebracht, er erkennt sie, gibt ein „Finger-Schlagzeugkonzert", schickt Busserl, antwortet auf Fragen – ich bin glückselig und unhcimlich müde und fertig!!

Montag, 12.3.2012
Heute habe ich einen weiteren Chefarzttermin. Hab ihm von Hannes' Rückschritt seit meinem letzten Besuch erzählt (neuerliche Einblutung, Infektion, komatöser Zustand) aber auch, dass es seit kurzer Zeit wieder Fortschritte gibt. Diese ups und downs erschöpfen mich emotionell sehr. Bin unheimlich müde, abends schmerzt jeder Knochen in meinem Körper.

Ich bringe ihm meine zurecht gelegten Pläne zur Kenntnis, nämlich dass ich vor habe ab 2.4.2012 wieder zu arbeiten in der Hoffnung, dass die Übersiedlung in die Rehabilitation noch vor diesem Termin stattfinden wird und ich dann meinen Mann noch ein paar Tage intensiv und gut begleiten kann. Bis dahin würde ich jeden Krankenstand, den er genehmigen kann, dankbar annehmen und den Rest mit Urlaubstagen auffüllen.

Der Chefarzt genehmigt meinen Krankenstand bis 30.3.2012. Er betont, dass es keine Schwäche meinerseits ist, sondern es im Gegenteil eine sehr schwere Belastung für mich darstellt…. Wünscht mir alles Gute und ich bin sehr froh, dass es so gut – und eigentlich genau nach meinem Plan gelaufen ist.

Mittag bei Hannes: Es war kein Traum: Hannes ist wach, reagiert auf alles und im Laborbericht steht „BEFUNDVERBESSERUNG" ☺ ☺ ☺

Lediglich die Erytrozyten sind noch sehr hoch (über 6000) müssen dreistellig werden, damit die Shunt-OP (steht mittlerweile fest) durchgeführt werden kann. Erst danach kann Hannes in eine andere Klinik im Süden von Graz zur Rehabilitation übersiedelt werden.

(Der Shunt dient dazu, dass das überschüssige Hirnwasser in den Bauchraum befördert wird, wo es absorbiert werden kann. Im Kopf würde es einen zu großen Druck erzeugen.)

Dienstag, 13.3.2012
Alle (vom Oberarzt über die Schwestern bis zum Pflegehelfer) stehen zusammen und staunen, wundern und freuen sich:
Hannes macht Riesenfortschritte, hat heute zum 1. Mal gegessen: Mittag: Faschiertes und Püree, Abend: Suppe jeweils ¼ der Portion, was für den Anfang sehr viel ist!
Danke, danke, danke! Auch Hannes sagt „danke" für die ausgerichteten Grüße!
Heute war Tag 39 („n e i n a d r e i s s g" – ein Ausspruch von Hannes auf seinem Lieblingsboot, einer Bavaria 39) – und jetzt kann ich wohl sagen – oder noch viel besser: **Günther** hat heute gesagt:

„Er hat es überlebt...."

Donnerstag, 15.3.2012
Hannes hat gestern Mittag mit mir gegessen: fast die ganze Suppe und mehr als die halbe Hauptspeise.
Zum ersten Mal merke ich, dass es zwischen zwei Schwestern „funkt" und die Stimmung sehr hektisch in unserer Koje ist….. Die für Hannes zuständige Schwester ist sicher auch sehr bemüht um ihn, fordert ihn aber sehr und ich merke bereits, dass Hannes sich innerlich ein wenig gegen diese Art wehrt. Sie ist fordernd: wenn er nickt, will sie dass er spricht, sie prüft ihn ständig, will Namen wissen und

was er gegessen hat, etc. Ich bin schon froh, dass Hannes überhaupt reagiert und flüstere ihm ins Ohr, dass er sehr tapfer ist und diese Schwester aushalten muss, bald kommt eh wieder eine andere… Er nickt tapfer und stimmt mir zu. Das ist überhaupt das allerschönste Gefühl, zu merken, dass er wieder voll da ist und vor allem, dass er so ein bisschen „der Alte" ist!

Heute Abend (Herrenabend mit Mike) hab ich ihm erzählt, wie lange er schon auf der Intensivstation ist und dass er einen Riesenschutzengel gehabt hat. Da hat er mein Gesicht gestreichelt, meine Hand genommen und zu seinem Mund geführt und sie geküsst…… Es ist so unglaublich schön! Hab ihm Danke Danke Danke gesagt und Hannes hat gefragt: „Wofür?" „Dafür Hannes, dass Du so tapfer kämpfst, dafür, dass Du wieder gesund wirst und zu mir nach Hause kommst und dafür, dass Du Dich entschieden hast, weiterzuleben!"

Hab Hannes' Hände in Mike's gelegt und ihm gesagt, er soll es genießen die Kraft zu spüren, mit der Hannes seine Hand hält. Er hat diese ganze Szene nur kurz ausgehalten und war so gerührt, dass er gleich gegangen ist. Schade eigentlich, aber mir ist klar, dass es gar nicht so leicht ist, so große Gefühle auszuhalten.

Noch lange spüre ich wie es sich anfühlt, wenn Hannes mit seiner Kraft meine Hand massiert und streichelt…. Es tat so unheimlich gut! Er gibt mir mein Leben zurück.

Hab Hannes das Buch „Du schaffst es" gezeigt und ihm erzählt, dass ich es ihm vorgelesen hab, während er geschlafen hat. Er hat gefragt „geschlafen?" Wieder erzähle ich davon wie lange er schon da ist und was passiert ist, aber ich glaube, das kann er (noch) nicht nachvollziehen. Das macht aber gar nix, dafür kann er sein linkes Bein wieder etwas bewegen….. ☺ ☺ ☺ DANKE all ihr Schutzengel!

Freitag, 16.3.2012

Bin heute nach dem Mittagsbesuch mit dem Rad direkt in die Stadt gefahren. Es ist Frühling, die Sonne scheint und es hat schon 19 Grad. War ziemlich ziellos, aber ich habe mir Sonne und Luft verordnet, damit ich mich nicht gleich wieder zu Hause verkrieche…. Bin dann auf einem Platz vor einem Kaffee gesessen, wo ich nie vorher war. Irgendwie schaffe ich es nicht, unsere gewohnten Lokale aufzusuchen – zu sehr würde es mich schmerzlich daran erinnern, dass Hannes nicht da ist!

Aber auch hier an diesem für mich fremden Ort war ich sehr unglücklich, weil ich das Gefühl hatte, ohne Hannes so schrecklich allein zu sein. Hab in der Zeitung gelesen, um die Zeit totzuschlagen – von Genuss war ich weit entfernt.

Bei Hannes heute Mittag war es sehr schön, er hat anfangs geschlafen, dann aber mit mir kommuniziert. Lediglich mein „Lieblingsarzt" war sehr zurückhaltend mit seiner Freude, deshalb hab ich ihn darauf angesprochen. Er meint, die Drainage mache ihm Sorgen. Immer wenn sie höher platziert wird, schafft es der Körper nicht und er fürchtet, dass es wieder zu nässen beginnt, was einen neuerlichen Tausch notwendig machen würde – er hat das immer im Hinterkopf – aber „ man muss nicht das Schlimmste annehmen". Hab Hannes heute Vormittag in Richtung Wundheilung und Blutstillung behandelt und werde auf jeden Fall dran bleiben.

Fühle mich in der Stadt nicht wohl, kann jetzt auf einmal Rainhard Fendrichs Satz verstehen: „Weil i nur bei Dir daham bin…" Ich bin bei Hannes daheim – im Moment eben auf der Intensivstation, aber in seiner Nähe fühle ich mich wohl und beschützt. Und meine eigenen vier Wände sind mein Refugium, in das ich mich gerne zurückziehe.
Früher war ich sehr gerne immer wieder mal ein wenig allein, hab das **Alleinsein** auch gesucht und bewusst herbeigeführt. Jetzt aber spüre ich zum ersten Mal, wie sich **Einsamkeit** anfühlt…..- es ist schrecklich! …..

"Hannes, irgendwann kommst Du wieder heim!"

Dann wird es wieder spannend: wir müssen uns (dürfen uns) wieder aneinander gewöhnen – es wird uns gelingen, wir haben schon so viel gemeistert! Und alles ist besser, als diese große Angst, dass Du nicht weiterlebst!
Am Abend war Klaus bei Hannes und ebenso begeistert und richtig glücklich, weil Hannes sehr gut reagiert hat!!

Samstag, 17.3.2012
Ich darf bereits um 12:00 zu Hannes, Hühnersuppe von zu Hause mitbringen und Hannes beim Essen unterstützen.
Bei der Schwesternkanzel werde ich zurückgeschickt – ich soll beim Besuchereingang warten!? Was ist los??? Die Überraschung ist gelungen: Die Schwester kommt mit Hannes im Rollstuhl den Gang entlang – Ich kniee nieder, Hannes „kommt mir entgegen und holt mich ab"!!! Er lächelt dabei sogar! Tränen schießen aus meinen Augen – wie kann ich das beschreiben?
Hannes isst mit Begeisterung meine Hühnersuppe, Osterpinze und Schokohaserl, alles köstlilch! Hannes spricht immer mehr!

Sonntag, 18.3.2012
War heute schon am Vormittag bei Hannes, die Wochenenddienst-Schwester erlaubt mir viele Freiheiten! Hannes isst wieder Hühnersuppe und weil alles so perfekt mit dem Essen funktioniert, kommt heute die

Magensonde weg! Yeah! Nach **6 Wochen** künstlicher Ernährung darf Hannes wieder ausschließlich ESSEN! Danke!
Bin so glücklich, dass ich mails und sms verschicke an alle Freunde und Lieben.

Montag, 19.3.2012
Heute sind Hannes' Kollegen Christian und Günther beim UVS in Graz und beide besuchen Hannes.
Günther ist zum 1. Mal hier und sehr ergriffen, muss die Situation erst mal verarbeiten.
Christian und Hannes haben bereits Spaß: Christian macht ein „Luftfoto" von Hannes, worauf Hannes ihn als „Drottel" bezeichnet und Christian auf die angebotene Stirn klopft. Hannes lacht sogar…… - es ist soo schön, das zu erleben!

Dienstag, 20.3.2012 (Frühlingsbeginn)
Die Neurochirurgie ruft mich am Morgen an und teilt mir mit, dass Hannes heute Vormittag auf die „normale Station" verlegt wird. Ich bin völlig aus dem Häuschen, weil man mir immer gesagt hat, dass Hannes bis zur Verlegung in die andere Klinik zur Frührehabilitation auf der Intensivstation bleiben wird.
Kann mich nicht wirklich freuen über diese Entwicklung, rufe auf der Station an und frage, ob ich auch dort um 12:00 schon kommen darf, um Hannes beim Essen zu unterstützen. Das wird begrüßt und gerne angenommen.

Ich finde ein drei-Bett-Zimmer vor, das aber nur mit zwei Männern belegt ist. Esse mit Hannes und es schmeckt ihm sehr gut. Hannes checkt den Umzug nicht, weiß nichts von einer Intensivstation……

Nach dem Essen räume ich seine Sachen in das Nachtkästchen und bringe die leere Box in die Intensivstation zurück. Ein mir schon gut bekannter Pfleger spricht mit mir und ich weine viele Tränen, sage ihm, dass diese Station für mich so ein sicherer Hafen war und ich alle so sehr ins Herz geschlossen habe, weil ich Hannes hier so behütet und umsorgt gewusst habe…… Der Pfleger sagt mir, dass er das gut verstehen kann und ich beruhigt sein darf, dass man auch auf der Station ganz gut auf ihn aufpasst. Das schönste wäre, wenn Hannes und ich die Intensivstation eines Tages gemeinsam besuchen würden und wünscht uns alles Gute. Der Arzt erklärt mir, dass Hannes mit seinen guten Fortschritten alle überrascht hat und daher der Umzug auf die Station befürwortet wurde. Er bleibt nur noch im Haus, solange er die Drainage noch hat. Wenn der Liquor rein genug ist, wird die Drainage entfernt, ein Shunt wird aber notwendig sein. Nach dieser OP wird er dann zur Rehabilitation kommen können. Ich danke allen ganz herzlich und verabschiede mich unter Tränen.

Am Abend bringe ich eine Rose mit. Hannes liebt Blumen, in der Intensivstation durfte er keine bekommen. Ich wünsche ihm einen schönen Frühlingsbeginn, Hannes strahlt und freut sich sichtlich über die Rose!

Sein Bauch zwickt und ich koche ihm einen mitgebrachten Fencheltee. Hannes verzieht das Gesicht, ich lass ihn daran riechen und sage ihm, dass der Tee wie Ouzo riecht und ihm sehr gut tun wird. Ich gieße mir auch einen ein und sage „Yamas". Hannes lacht und trinkt bereitwillig den „guten" Tee…. Ich zeige Hannes nochmals, wie er auf der Fernbedienung die Schwester rufen kann, wenn er sie in der Nacht braucht.
Gemeinsam schauen wir uns noch ein Magazin an und halten uns an den Händen. Plötzlich liest Hannes eine sehr große Überschrift vor und ich bin ganz begeistert: „Hannes, du kannst ja lesen!" „Sicher kann ich lesen, oder glaubst du, ich hätte es verlernt?"☺
Vor dem Gehen frage ich ihn, ob er weiß, wo er drücken muss, damit die Schwester kommt und er antwortet: „Da wo Schwester draufsteht" …… Es steht zwar nirgends „Schwester" drauf, aber ich will glauben und hoffen, dass er den Knopf irgendwie findet, bzw. die Schwester nicht braucht, oder diese von sich aus oft genug nach ihm sieht, wenn sie weiß, dass er heute erst von der Intensivstation gekommen ist…….
Ich muss jetzt ganz dringend Vertrauen in die neue Station finden und darauf hoffen, dass

Hannes selber wieder lernt, sich durchzusetzen ….. (das ist nicht leicht!)

Wie haben Richard, Herbert und Birgit mir heute gesagt? LOSLASSEN! Wenn Hannes mehr gefordert wird, so ist das nur gut!
Birgit versteht meine Gefühlswelt einmal mehr und weint und lacht mit mir – diese Hochschaubahn ist ein Wahnsinn! Ich bin geschüttelt und gerührt – und das alles gleichzeitig!
Lieber Gott, bitte lass mich nicht den Verstand verlieren! Und bitte beschütze Hannes!

Donnerstag, 22.3.2012
Die Station ruft mich an und sagt ich sollte kommen, um Hannes zum Gespräch beim Anästhesisten zu begleiten. Der Termin ist um 10:00, also in 30 Minuten – ich düse mit dem Rad und dann warten wir eine dreiviertel Stunde. Aber egal, ich darf bei Hannes sein und das ist sowieso das Schönste!!
Hannes steht nämlich morgen auf dem OP-Plan (Drainage-Entfernung und Legen eines Shunts). Was aber noch abzuwarten ist, ist das Labor-Ergebnis. Erst wenn die Werte sehr gut sind, kann es durchgeführt werden, aber man hat vorsichtshalber einmal die OP auf den Plan genommen.
Am Nachmittag stellt sich heraus, dass die Werte noch nicht optimal sind und Anfang nächster Woche wieder kontrolliert werden.

Aber es gibt auch Erfreuliches: Beim heutigen Frühstück war die Logopädin anwesend, weil sie selbst sehen wollte, dass Hannes tatsächlich selber von der Semmel abbeißen, kauen und schlucken kann. Das konnte sie nicht glauben, hat sich aber davon überzeugt und besteht jetzt nicht mehr auf Breikost!

Am Abend ruft mich Tini an und erzählt mir wie glücklich sie ist, weil sie Hannes heute erlebt hat. Er hat mit Mike und Tini gesprochen und Tini hat mich bestärkt darin, dass es gut für Hannes ist, weil er so gefordert wird und damit auch schon viel mehr selber kann.
Auch ist es gut, dass er nicht allein im Zimmer ist und somit mehr Leben rund um ihn ist. Mit Birgit und Richard bin ich zum gleichen Resultat gekommen und so unternehme ich keine Anstrengungen, Hannes auf eine Klasse-Station verlegen zu lassen.
Es ist so schwer für mich, das Allerbeste für Hannes zu tun……. Ich fühl mich hilflos, die Situation macht mich krank!
Langsam spüre ich, wie sehr Hannes diese ganze Situation missfällt und ablehnt. Manchmal ist er auch schnippisch und aggressiv zu mir, das tut mir weh. Ich weiß schon, ich darf das nicht überbewerten. Er ist schließlich krank, aber **meine** Seele ist auch arg verletzt. Aber meistens ist er eh sehr lieb zu mir und sagt, wie schön es ist, dass ich da bin und dass er mich sehr lieb hat……

Ganz sicher hilft es ihm nicht, wenn ich ihn bejammere, sondern vielmehr, wenn ich Perspektiven aufzeige und ihm helfe, aus dieser Situation das Beste zu machen.

Meine Befürchtung ist, dass er es auch diesmal nicht schafft, Geduld zu lernen, sondern viel Energie in Widerstand gegen alles und jeden investiert. Es wäre so schön, wenn ich mich irrte….. Aber: es ist SEIN WEG!

Samstag, 24.3.2012

Vier Tage hat Hannes nun schon auf der Station „überstanden". Ja, es stimmt, dass er jeden Tag Fortschritte macht, wohl weil er tatsächlich mehr gefordert ist. Aber: die Leute hier machen es einem wirklich sehr schwer, Vertrauen in sie zu fassen. Dieses Pflegepersonal ist so ganz anders, als ich es von der Intensivstation kenne. Ich gerate fast an meine Grenzen!

Ich verzichte darauf, die Details zu schildern – zum Glück ist der Aufenthalt hier absehbar! Das Ganze hat nur ein Gutes: an den Reaktionen von Hannes ist erkennbar, dass er immer mehr er selbst wird. Es beweist auch, dass er schon ziemlich gut bei Sinnen sein muss, wenn er das alles checkt. Ich schlage ihm vor, die Situation zu verbessern, und nach einem Klassezimmer zu fragen. Er lehnt es ab und meint, es geht schon und er schafft das. Er will kein Klassezimmer. Er bedankt sich immer wieder für meine Fürsorge. Ich sage ihm oft, wie tapfer er ist und motiviere ihn durchzuhalten.

Heute nach dem Mittagessen hat Hannes mich zum ersten Mal gefragt: „Was war das jetzt eigentlich, was ich gehabt hab?" Ich war mir nicht sicher, ob er das Essen gemeint hat und frag ihn daher, ob er seine Krankheit meint. Er nickt und ich erkläre es ihm anhand einer Skizze, die ich zeichne. Er hört mir aufmerksam zu und bedankt sich für meine Fürsorge. Mein Gott, ich liebe ihn sooo sehr, schau ihm ganz tief und lange in seine Augen, halte seinen Kopf in meinen Händen und sag ihm: DU hast schon so viel geschafft, Hannes! Du bist ein Kämpfer und sehr tapfer! Du hast schon so viel ausgehalten, den Rest kannst Du trainieren und alles wieder lernen und Dir aneignen. Du bist auf dem richtigen Kurs, wir alle unterstützen Dich und das Ziel ist der Heimathafen, in diesem Fall unser Zuhause. Ich warte auf Dich und freue mich auf das Leben mit Dir!

Sonntag, 25.3.2012
Heute nach dem Essen fragt mich Hannes: „gibt's eigentlich eine spezielle Reaktion von Günther, wenn ich jetzt im Krankenhaus bin?" Ich erkläre, dass Günther seit der allerersten Stunde täglich mit mir im telefonischen Kontakt ist und mir zur Seite steht, mit den Ärzten telefoniert, wenn es Befundergebnisse zu besprechen gibt und er mir diese übersetzt

und mir immer den Rücken stärkt. Ich frage Hannes, ob er möchte, dass Günther zu ihm kommt und Hannes sagt: „Das wäre schon sehr schön!"

Am Nachmittag telefoniere ich mit Günther und erzähle ihm davon, worauf Günther lacht, sich unsagbar freut und ins Telefon schreit: „Wann kann ich kommen? Ich bin aus Salzburg zurück und komm sofort, wenn Hannes mich sehen will und nach mir fragt!" Wir vereinbaren, dass er mich um 18:15 h abholt, weil vorher Klaus bei Hannes ist. Uschi, Günther's Partnerin kommt mit, wartet aber auf dem Gang – was ich ihr hoch anrechne – sie wollte einfach Günther begleiten und erzählt mir später, dass sie Günther noch nie so weinen sah, wie am 3.2. ……. da wird mir klar, dass Günther seine eigenen Gefühle größtenteils vor mir verborgen hat und mich seine eigene Verzweiflung nicht im wahren Ausmaß spüren ließ – vielen Dank lieber Günther, dass Du mich so geschützt hast…..!

Günther und ich betreten das Zimmer und ich sage zu Hannes: „Schau, wer da mitgekommen ist!" Hannes schaut Günther an und sagt: „Kenn´ ich nicht" Günther sagt: „Servus Bua" da beginnen Hannes' Augen zu leuchten und er sagt: „Des is da Günther!" Die beiden Männer strahlen sich an, halten sich an den Händen – es ist so viel Glück zu spüren! Ich genieße es!

Hannes „plaudert" mit Günther und lässt sich von ihm erzählen, wie knapp es für ihn war….
Eine Ärztin betritt den Raum und klärt Hannes über die morgige Shunt-OP auf. Hannes blickt ratlos zu Günther, dieser erklärt Hannes, dass der Shunt absolut notwendig ist. Diese OP muss gemacht werden und wird ihn in keiner Weise beeinträchtigen. Ich bin so froh, dass Günther genau jetzt da ist! Die Ärztin möchte eine Unterschrift auf der Zustimmungserklärung, bzw. als Bestätigung, dass der Patient aufgeklärt ist und alles verstanden hat. Günther sagt ihr, sie soll schreiben, dass der Patient im Beisein seines Freundes und Vertrauensarztes Dr. H. aufgeklärt wurde und ich unterschreibe in Vertretung für Hannes! Mit dieser Lösung ist sie einverstanden.

Am nächsten Tag ruft Günther mich an und bedankt sich sehr herzlich, dass ich ihm gesagt habe, dass Hannes ihn sehen möchte. Es war für ihn so ein schönes und glückliches Erlebnis – er hat sooo lange gewartet und gebangt, hat allen in der Ordi erzählt, dass Hannes nach ihm gefragt hat und dass er ihn besucht hat. Alle haben vor Freude geweint! Wie schön sich das alles anfühlt!

Montag, 26.3.2012
07:15: Shunt-OP Ich bin pranavita-technisch dabei! Um 09:00 Uhr erfahre ich, dass die OP

gut verlaufen ist und Hannes noch einige Stunden im Aufwachraum bleiben wird.

Um 09:30 treffe ich mich mit Christian, der heute seinen 50. Geburtstag hat. Alles muss gut werden, an so einem Tag! Um 11:00 rufe ich im Aufwachraum an, um zu fragen, ob wir schon zu ihm dürfen. Ich werde auf Mittag vertröstet und so fährt Christian heim. Ich fahr mit dem Rad in die Klinik, spreche heute tatsächlich mit dem Stationsarzt der mir sagt, dass ab Mittwoch für Hannes ein Bett in der ausgewählten Klinik bereitsteht.

Danach spreche ich mit dem Chirurgen, der die Shunt-OP durchgeführt hat. Er sagt mir, dass die OP sehr gut verlaufen ist, der Shunt ist auf der rechten Seite verlegt und Hannes kann ein ganz normales Leben damit führen (fliegen, tauchen, alles!). Er erzählt mir auch noch, dass Hannes einen sehr schweren Verlauf hatte und es für sie alle an ein Wunder grenzt, dass diese Sache gut ausgegangen ist…….

Ich treffe Mike auf dem Gang, erzähle ihm alles und darf dann in den Aufwachraum zu Hannes. Wir genießen die Ruhe und unsere Nähe! Danke, lieber Gott, danke all ihr Schutzengel!

Heute Nacht sitze ich auf dem Balkon und um 23:20 sehe ich die erste echte Sternschnuppe in meinem Leben – da darf man sich was wünschen und das geht dann in Erfüllung……!

Dienstag, 27.3.2012

Heute macht Hannes einen müden Eindruck, spricht fast nicht und wirkt teilnahmslos, aber immerhin ist er gestern erst operiert worden…..

Medizinisch ist alles ok und so wird bereits für morgen der Transport in die andere Klinik organisiert und zwar so, dass ich Hannes begleiten kann! Jetzt wird mir auch diese Station sympatisch!

Ich fahre in die Stadt, kaufe für Hannes ein wunderschönes blaues Polo-Shirt und eine dunkelblaue Trainingshose. Immerhin geht er auf eine wichtige und schöne Reise! Am Abend fahre ich nochmal zu Hannes, herzen, Gute-Nacht-Bussl und Kraft geben……

Zu Hause packe ich seine Reisetasche und bin aufgeregt wie vor einem unbekannten Abenteuer….. Lieber Gott, bitte lass alles gut gehen!

Ich fertige 12 Zirbenkugeln (in Zirbenstoff verpackte Mischung aus Zirbenholzspänen und Lavendel) an. Ich habe solche Kugeln schon sehr oft verschenkt und mittlerweile hat Hannes auch eine davon auf seiner Schleife über dem Bett. Manche der Pflegerinnen haben sich über den guten Duft gefreut. Und deswegen bringe ich diese Kugeln, drapiert auf einer schönen Flasche mit Zirbenschnaps morgen als Abschiedsgeschenk in die Intensivstation, die für mich in dieser schweren Zeit zu einer Heimat wurde. Ich schreibe noch ein Danke-Billet und kann vor Aufregung nicht schlafen.

Mittwoch, 28.3.2012
Um 10:30 verabschiede ich mich mit meinen Geschenken auf der Intensivstation und habe Glück: Alle sitzen bei einer Besprechung im Schwesternstützpunkt. Ich bedanke mich für alles sehr herzlich und verspreche, sie eines Tages mit Hannes gemeinsam zu besuchen!

Diese Zeit auf der Intensivstation der Neurochirurgie liegt nun hinter uns.
Es war sehr dramatisch, als wir hier ankamen. Es hat sich als die optimalste Lösung für Hannes herausgestellt.
Ich habe in dieser Zeit sehr viel gelernt und wichtige Erfahrungen gemacht. In meinem Leben hat Mittelmäßigkeit keinen Platz mehr. „Geht schon" und „passt schon" kann ich für mich nicht mehr akzeptieren. Vielleicht hab ich sogar den Mut bekommen, kein „Ja" zu sagen, wenn ich „nein" fühle…..
Nur wenige Menschen haben Hannes hier am Krankenbett erlebt.
Aber ich weiß ganz sicher, dass alle – egal ob sie persönlich bei ihm waren, oder nicht - jeder einzelne hat stets das BESTE für Hannes getan! Alle mitgebrachten und mitgeschickten Dinge, jede Karte, die ankam, Musik, Fotos, Einladungen – alles fand Platz an seinem Bett und hat seine Wirkung getan.

Und genauso wichtig und hilfreich war jede einzelne Kerze, die von so vielen Menschen für Hannes angezündet worden ist und jeder einzelne positive Gedanke für ihn und für uns. Vielen Dank an alle, die an uns gedacht und mit uns gefühlt haben! Es ist unglaublich, wie sehr das alles gewirkt hat und jeder darf sich freuen, Teil dieses Wunders zu sein!

Klinik für Frührehabilitation

Um 11:30 starten wir mit zwei jungen Rettungsleuten und fahren quer durch die Stadt in die vorgesehene Klinik.
Hannes kommt hier wieder auf die Intensivstation, diese ist aber wesentlich lockerer, als jene auf der Klinik. In seinem Zimmer sind wieder vier Betten, zwei Frauen und zwei Männer. Hannes bekommt das Bett neben dem Fenster! ☺ Wir werden von einem Pfleger begrüßt und dürfen ganz in Ruhe ankommen. Hannes wird ins Bett gebettet und ein Essen wird für ihn organisiert. Der Pfleger füllt einige Formulare mit uns aus, gibt mir eine Visitenkarte mit Telefonnummern, die ich 24 Stunden lang jederzeit anrufen kann und gibt uns ein Gefühl der Sicherheit…..! Danke! Alles ist gut!
Hannes kann vom Bett aus durch das große Fenster ins Freie blicken uns sieht dort blühende Bäume!
Ich weiß, jetzt wird alles gut! Bin unendlich dankbar und ruhig. Ich räume Hannes' Sachen in den Kasten und Nachttisch ein und drapiere wieder seine Glücksbringer und Fotos über seinem Bett. Eine Ärztin macht eine erste Begutachtung. Auch hier ist es üblich, dass die Angehörigen das Zimmer verlassen müssen, wenn bei einem der Patienten etwas gemacht werden muss. Bei einer dieser Gelegenheiten spreche ich ein paar Worte mit einer Ehefrau

eines Patienten. Bislang habe ich mich sehr zurückhaltend verhalten und auch den anderen Angehörigen ging es so. Man war immer nur auf den eigenen Angehörigen fixiert und suchte keinen Kontakt. Aber mit Frau S. war es irgendwie völlig anders und auch ihr erging es mit mir gleich. Irgendwie zogen wir beide uns an und im Laufe der Zeit sollte sich eine sehr schöne Verbindung zwischen uns entwickeln. Ich darf sehr lange bei Hannes bleiben und Richard holt mich am späten Nachmittag ab.

Am Abend kommt Klaus und auch er berichtet mir seine guten Eindrücke.

Donnerstag, 29.3.2012
Hannes isst wie ein Weltmeister! Die Ärztin hat heute ein CT und ein Lungenröntgen angeordnet. Beide Befunde sind sehr schön, stimmungsmäßig sagt sie, muss man ihm Zeit geben…
Christian kommt und bringt wieder seinen selbst gebackenen Rotweinkuchen mit, den Hannes sehr gern isst.
Christian ist großartig, er entlockt Hannes immer wieder ein Lächeln….
Während unseres Besuches stellt sich die Physiotherapeutin ein. Sie führt die ersten Kontakte mit Hannes aus und ist dabei so behutsam und motivierend, was Christian und ich mit großem Respekt und Freude beobachten. Während dieser Physioeinheit

werde auch ich eingebaut und so **steht** Hannes zum 1. Mal neben mir auf seinen eigenen Beinen! Bis jetzt hat Christian auf dem Gang gewartet und durch ein Fenster zugesehen. Jetzt rufe ich ihn herein und die Physiotherapeutin fordert ihn auf sich vor Hannes hinzustellen. Da Christian ein sehr großer Mann ist, ist Hannes motiviert, gerade zu stehen und den Kopf aufrecht zu halten, was für einige Minuten auch gelingt!

Die Physio richtet Hannes einen Rollstuhl zurecht, der noch mit einigen Kopfkissen verbessert wird, um ihm eine angenehme Sitzhaltung zu ermöglichen und so fahren Christian und ich zum ersten Mal mit Hannes durch die Station in den Wintergarten……! Ein unbeschreibliches Gefühl!

Freitag, 30.3.2012
Heute fahre ich zum ersten Mal allein mit Hannes im Rollstuhl in den Wintergarten, ansonsten steht auf unserem Programm:
Viel viel spüren, kuscheln, busseln – wir haben einen ungeheuren Nachholbedarf und genießen beide diese Nähe!

Samstag, 31.3.2012
Offenbar ist jetzt jeder Tag ein besonderer Tag: Heute fahren Hannes und ich **zum ersten Mal in den Garten**! Frische Luft, Sonne, Blumen, - noch NIE war der Frühling soo schön! Ich kann dieses Gefühl gar nicht wirklich beschreiben – ich schwebe und habe

ein dauerhaftes Lächeln im Gesicht! Hannes ist ausgerüstet mit Kappe, Jacke, Halstuch, Sonnenbrille. Zum ersten Mal nach zwei Monaten schnuppert er wieder frische Luft und lässt sich von der Sonne streicheln!
Ich setze mich mit ihm an einen Tisch im Garten des Cafes, bringe einen Becher Eis und Caffelatte. Hannes löffelt mit Hingabe sein Eis, meinen Kaffeeschaum und schließlich tauscht er seinen Eislöffel gegen meinen großen Löffel und genießt abwechselnd Eis und Kaffee wie ein Verdurstender! Er sagt: „Das ist wie Urlaub"! Wie Recht er hat!

Richard kommt und trifft zum ersten Mal auf Hannes. Beide halten sich die ganze Zeit über an der Hand. Richard hat einen großen Anlauf genommen, heute hier her zu kommen. Er sagt Hannes, wie schön es ist ihn zu sehen und lächelt Hannes an. Er sagt ihm auch: „Hannes, Du hast eine großartige Frau!" Bin sehr beeindruckt und freue mich über diese Aussage.
Hannes ist schon sehr müde und so bringen wir ihn in sein Bett und verabschieden uns. Wir setzen uns noch einmal in das Kaffee und besprechen dieses für ihn einschneidende Erlebnis. Richard drückt seine Bewunderung dafür aus, wie ich das alles geschafft habe und meistere. Er meint, er könnte das nicht und sagt einen wunderschönen Satz: „So wie du das machst, wie , du mit Hannes umgehst, ist wahrscheinlich das, was man unter Liebe

versteht". Ich merke ihm an, wie bewegt und aufgewühlt er ist. Wir sprechen lange und ziehen uns dann jeder für sich zurück. Lieber Gott, danke für meinen wunderbaren Sohn – ich bin so stolz auf ihn! Er hat mir soo sehr geholfen in dieser schwierigen Zeit!

Sonntag, 1.4.2012
Um 13:00 Uhr wirkt Hannes sehr stark, ausgeruht, hat bereits gegessen und erwartet mich im Rollstuhl, wir fahren in den Garten, genießen die Sonne und uns…..ein perfekter Tag.
In dieser Nacht mache ich leider kein Auge zu – morgen ist mein erster Arbeitstag! So viele Gedanken gehen mir durch den Kopf! Es hat alles genau nach meinen Wünschen geklappt: Habe mir so sehr gewünscht, dass Hannes noch während meines Krankenstandes in die Rehab siedeln kann und dieser Wunsch ist in Erfüllung gegangen! Die Rehab und meinen Arbeitsbeginn hab ich mir gedanklich so zurechtgelegt, dass es jetzt der Job von Hannes ist, zu lernen, zu trainieren und gesund zu werden. Ihn beim Essen etc. zu unterstützen ist jetzt nicht mehr gut – er muss es selber lernen und dabei hilft es mir, wieder zu arbeiten und ihn damit ein wenig mehr loszulassen……
Soweit die Theorie…….
Werde ich alles unter einen Hut bringen? Ich habe so großes Glück: Hab zwei volle Monate für Hannes gehabt und konnte gleichzeitig

meinen Boden unter den Füßen zurückgewinnen, was schwere Arbeit war und eigentlich noch immer ist….
Dass Hannes diese schwere Krankheit überlebt hat, lag streckenweise nicht in irdischen Händen.
Aber dass ich ihm in dieser Zeit mit meiner uneingeschränkten Kraft und Energie zur Seite stehen konnte, hat mit Sicherheit zu seiner Genesung beigetragen!

Montag, 2.4.2012
Ich komme in mein Büro, bringe jedem in meinem gesamten Team eine wunderschöne Rose mit und bedanke mich für die großartige Unterstützung und das tiefe Mitgefühl!
Ich werde herzlich aufgenommen und erzähle. Ich fühle mich, als ob ich von einem anderen Stern käme, sooo weit weg war ich – in einer ganz anderen Welt….!
Ich darf mich ganz langsam einfinden und nehme stundenweisen Urlaub, sodass ich bereits um 14:00 bei Hannes sein kann.
Für Hannes gibt es am Vormittag Programm: Ergotherapie, Logopädie, Duschen, Pflege und Physiotherapie. Dazwischen ausruhen! Sehr wichtig!
Am Nachmittag fahr ich mit Hannes im Rollstuhl wieder in den Garten. Die Physiotherapeutin hat für ihn einen neuen Rollstuhl eingerichtet, der ihn besser stützt und

in dem er bequemer sitzen kann. Mittlerweile kann ich schon alles alleine bewerkstelligen.

Als wir zurückkommen übernehmen es die Pflegerinnen, Hannes ins Bett zu bringen. Sie legen ihn diesmal ganz an die Seite des Bettes und ich sage scherzhaft: „Da hätte ich auch noch Platz neben Dir" worauf die Schwester meint: „Das ist auch so gedacht" Ich bin ungläubig und frage „Was? Wirklich?" Sie stellen Paravants als Blickschutz auf und fordern mich auf, mich zu Hannes ins Bett zu legen, das sei wichtig für uns beide und vor allem für den Patienten. Von da an kuscheln wir fast jeden Tag……. ☺

Dienstag, 3.4.2012

Auf Anraten der Ärztin habe ich Hannes heute einen Kalender mitgebracht. Er soll ihm helfen, eine gewisse Struktur und ein Zeitgefühl für Tage zu bekommen. Hannes macht seine erste eigene Eintragung: **Mittag Helena, Abend Klaus.** Von nun an füllen wir jeden Tag aus, wer zu Besuch kommen wird, zeichnen smilies und sind glücklich!

Mike und Tini kommen vorbei, wann es ihre Zeit erlaubt. Die beiden tragen wir nicht in den Kalender ein, sie begleiten uns schon von Anfang an und müssen nicht geplant werden.

Der gute Mike springt auch mal schnell vorbei, um Hannes eine neue Segelleine zu bringen, da die alte irgendwie verschollen ist. Diese habe ich Hannes noch während des Tiefschlafs gebracht und mit einem Knoten in seine Hände gelegt, damit er etwas in den Händen hat, das er liebt und damit er weiß, dass es sich lohnt, den richtigen Kurs einzuschlagen….. ☺

Samstag, 7.4.2012
HEUTE HABE ICH EINEN BRIEF VON HANNES BEKOMMEN!
Eine Schwester hat ihn am Vormittag motiviert zu schreiben. Hannes hat dann das ganze Alphabet in Groß- und Kleinbuchstaben aufgeschrieben und wusste nicht, was er sonst noch schreiben soll. Also hat die Schwester gesagt, er solle einen Brief an mich schreiben. Als ich kam, waren die Schwestern anwesend und wollten unbedingt meine Reaktion sehen und haben sich lachend mit mir gefreut. Was soll ich sagen? Ich hielt mit zitternden Händen diesen Brief und musste immer wieder die Tränen wegwischen, weil sie mir die Sicht nahmen. Hannes hat in seinem Stil geschrieben, voll Liebe und sehr persönlich – wie ich es seit Jahrzehnten von ihm kenne! Mein Herz hüpft vor Freude!
Heute ist Ostersamstag und ich habe Hannes eine kleine Osterjause mitgebracht, die wir gemeinsam genießen.
Für Eva S. und ihren Mann bringe ich selbstgemachte Zirbenkugeln mit. Eva hat sich an mir orientiert und inzwischen auch das Bett ihres Mannes „geschmückt". Die Zirbenkugel kommt jetzt dazu. Wir sehen uns jeden Tag

und auch sie ist begeistert von Hannes' Fortschritten und freut sich sehr mit uns. Ich hoffe von Herzen, dass es auch für Ihren Mann positiv wird. Einmal bat sie uns um die Erlaubnis, ein Foto von Hannes und mir zu machen, damit sie ihrer betagten Mama zeigen kann, wie es ausgehen kann….

Eva hat für uns selbstgemachte Osterkerzen als Geschenk. Wir fühlen uns sehr verbunden…..

Sonntag, 8.4.2012

Für heute habe ich erstmals einen Besuch für den Nachmittag organisiert, bei dem ich nicht anwesend war. So konnte ich mit Richard zu meinen Eltern nach Leoben fahren und Ostern mit Ihnen gemeinsam feiern.

Günther und Sinus haben sich perfekt um Hannes gekümmert und auch sie konnten mit ihrem Freund den Ostersonntag feiern. Kurz nach 17 Uhr traf ich dann bei Hannes ein, hab wieder Osterfleisch, Pinze und Ostereier mitgebracht. Hannes kam mir sehr müde vor, aber ich wusste, er hatte einen guten Tag. Ich hatte auch kein schlechtes Gewissen, außerdem ist morgen noch ein Feiertag und ab 13:00 Uhr bin ich wieder bei Hannes.

Montag, 9.4.2012

Heute bringe ich Hannes ein Narben-Pflegeöl mit. Damit versorge ich die Narben am Bauch (von der Shunt-OP) und auf dem Kopf. Das Ganze geht dann in eine Kopfmassage über, die Hannes sehr genießt. Die „Narbenpflege" wird von nun an zum willkommenen täglichen Ritual.

Heute habe ich zum ersten Mal festgestellt, dass Hannes sich an etwas erinnern kann, das vor ein paar Tagen passiert ist: Ich kam während seiner Physiotherapie-Einheit an und durfte dann einige Übungen mit Hannes gemeinsam machen. Als Abschluss sollte ich seinen Rücken eincremen und massieren, weil inzwischen auch die Physiotherapeutin weiß, dass er diese Streicheleinheiten besonders liebt. Auf die Frage von ihr, wie gut das denn sei gab er als Antwort: „Nicht schlecht, aber die Rückenmassage von Klaus gestern war sensationell!" ☺ Suuuper Hannes! Es stimmt! Klaus war gestern bei Dir und fast jedes Mal massiert er Deinen Rücken! Yeah!

Allen Freunden, Kollegen und Bekannten habe ich versprochen, dass Besuche nach Ostern möglich sind. Somit organisiere ich nun nach und nach erst mal die engsten Freunde und Kollegen, die schon so hart und geduldig darauf gewartet haben, Hannes endlich zu sehen.

Mittwoch, 11.4.2012
Als ich bereits im Gelände des Krankenhauses bin, läutet mein Handy. Das Display zeigt eine mir unbekannte Nummer. Ich hebe ab und eine Stimme sagt „Hallo, hier spricht der Hannes". „Hannes wer?" „Ich bin's, Dein Mann! Hannes Hasenhütl, wo bist du denn,

wann kommst du?" Oh mein Gott! „Hannes! Ich hab Deine Stimme nicht erkannt, bitte verzeih mir! Wie kannst Du mich denn anrufen, du hast ja gar kein Telefon bei Dir? Ich bin in einer Minute bei Dir!" Ich bin komplett verwirrt und überrumpelt. Ich hab seine Stimme nicht erkannt, sie klang so fremd am Telefon.

Bei Hannes angekommen, lasse ich mir erzählen, dass er dem Pfleger gesagt hat, dass es ihm nicht gut geht, weil ich nicht da bin und er schon so große Sehnsucht nach mir hat. Er wartet jeden Tag ab dem Aufwachen auf mich…….. Der Pfleger hat gesagt, das sei kein Problem, „wir rufen die Gattin einfach an". Hannes hat gemeint, er wüsste meine Nummer aber nicht auswendig. In den Patienten-Unterlagen steht sie natürlich und so hat mich der Pfleger von einem Telefon angerufen, dessen Nummer ich noch nicht gekannt und gespeichert hatte. Nie und nimmer hab ich damit gerechnet, dass mein Hannes mich anruft…….

12.-15.4.2012

Die Anstrengung dieser Wochen lässt mich an meine Grenzen stoßen.

Bin jeden Tag bis 13:00/14:00 Uhr im Büro, kann mich aber nur ganz schwer auf meine Arbeit konzentrieren und merke, dass ich noch Lichtjahre von meiner gewohnten Form entfernt bin. Zum Glück erwartet mein Team keine Wunder von mir.

Danach übergebe ich dringende Arbeiten an meine Kollegin und hetze zu Hannes, von dem ich weiß, dass er seit morgens auf mich wartet. Schnell kaufe ich noch Kornspitz mit Butter und Käse und Buttermilch. Darauf freut sich Hannes immer und es ist das einzige, das er mit Appetit isst, weil das Essen im Krankenhaus leider nicht gut ist.

Immer habe ich das Gefühl, zu spät zu sein und immer gehe ich abends völlig erschöpft nach Hause.

Meine ursprüngliche Hoffnung, dass ich mich ein wenig distanzieren kann, wenn Hannes andere Besucher bekommt ist nicht aufgegangen. Es stellt sich heraus, dass er ohne mich nicht sein mag – egal wer ihn noch besucht, er vergewissert sich jeden Tag, wann ich am nächsten Tag da bin und trägt es in seinen Kalender ein. Er erzählt mir, dass er immer wieder vergisst, wann ich kommen werde und dann schaut er nach und ist ein wenig beruhigter.

Egal, wer ihn besucht, Hannes bittet mich immer dabei zu sein. Er fühlt sich nicht wohl, wenn er mit jemandem allein ist und gewinnt nur durch meine Anwesenheit Sicherheit.

Klaus rät mir dringend, etwas Abstand zu nehmen, weil ich das sonst nicht aushalte. Ich bemühe mich, diesen Gedanken in die Tat umzusetzen, weil ich merke, dass ich langsam keine Kraft mehr habe.

Montag, 16.4.2012
Heute war Tanja bei Hannes, sie hat auch lange und geduldig gewartet. Leider hat Hannes nicht besonders viel mit ihr gesprochen, er ist sehr auf mich fixiert. Haben am Vormittag und am frühen Nachmittag miteinander telefoniert (Hannes überredet nun jeden Tag einen der Pfleger mich anzurufen, ein eigenes Telefon ist hier nicht möglich und er könnte es auch noch nicht bedienen…) Tanja hat sich verabschiedet und Hannes hat zu mir gesagt: „Aber DICH brauche ich heute noch – DU bleibst schon noch da?" Klar bleib ich da! Hannes sagt, er möchte mit mir reden. Dann kam irgendwann die Frage: „Gell, Du lässt mich nie allein?" Ich versichere ihm einmal mehr, dass ich ihn NIEMALS allein lasse. Ich dachte, das war jetzt was ihm so am Herzen lag. Wir kuscheln, ich massiere und creme den Rücken ein, dann geht er auf die Toilette (der Katheter ist inzwischen schon Geschichte – wie schön!) und wir spazieren im Gang, setzen uns auf die Sessel, gehen auf den Balkon, schnappen frische Luft – es ist sehr frisch, daher mag Hannes nicht in den Garten. Plötzlich sagt er: „Ich habe immer große Probleme beim Einschlafen – habe so große Angst, dass ich nicht mehr aufwache…." Hannes muss weinen, ich halte ihn ganz fest und sage ihm, dass er keine Angst haben muss, das wird nicht passieren – die schwierige Zeit ist lange vorbei. Sage ihm, dass ich ihm all meine Energie und Kraft

schicke und dass alle Schutzengel ganz gut auf ihn aufpassen!

Zu Hause bitte ich alle Schutzengel um Hilfe, Hannes von dieser großen Qual zu befreien, behandle ihn, wünschte soo sehr, ich hätte ihn jetzt bei mir, um ihn zu halten, ihm Sicherheit zu geben und ihm das Gefühl zu geben, dass er beschützt ist……… Er fehlt mir soo sehr und tut mir unendlich leid! Hannes, ich liebe Dich und lass Dich niemals allein!

Dienstag, 17.4.2012
Heute war ein sehr schwieriger Tag für Hannes – und damit auch für mich!
Ich muss heute bis 16:00 im Job bleiben. Also hab ich für den heutigen „Frühbesuch" Heinz, Renate und Seppi organisiert. Sie haben auch alles wunderbar erledigt, Kornspitz und Clausthaler mitgebracht, waren mit Hannes im Garten. Hab Hannes schon gestern darauf vorbereitet und ihm gesagt, dass ich ausnahmsweise länger im Büro bin und erst um 17:00 Uhr komme, was er auch ok fand.
Am Vormittag hab ich ihn angerufen, er klang schon ziemlich verzagt, wollte aber durchhalten. Um halb eins kam ein Anruf von ihm, der mich fast aufgeben ließ, weil Hannes wieder gefragt hat, wo ich denn bin und wann ich endlich komme, er vermisst mich so schrecklich!

Ich hab ihm gesagt, dass nach der Physio-Einheit Heinz und Co kommen und ich komm danach so schnell ich kann.

Ich rufe Herbert an und schildere ihm den Gemütszustand und die Angst von Hannes vor dem Einschlafen mit der Sorge, dass er nicht mehr aufwacht!

Herbert ist sehr lieb und spricht sehr persönlich mit mir. Hannes kann sich zwar nicht bewusst an die Zeit auf der Intensivstation und all die kritischen Momente erinnern, aber das Unterbewusstsein hat ganz schlimme Erfahrungen gemacht und nun taucht das langsam ins Bewusstsein auf. Er nennt mir ein Medikament, das er solchen Patienten immer verabreicht, damit sie ihre Situation leichter verkraften können, weil sie distanzierter sind.

Ich komme doch schon um 15:45 vom Büro weg und mach mich auf den Weg, telefoniere mit Heinz und er erzählt mir, dass Hannes „sich sehr gefreut hat und alles wunderbar gelaufen ist". Gleich danach ruft mich die Intensivstation wieder an und sagt, der Mann ist so unrund und will mit mir reden: „Wo bist Du denn?? Ich bin so einsam, verzweifelt und traurig! Ich brauche Dich!!" Bin schon fast bei Hannes, muss dann 10 Minuten vor der verschlossenen Tür warten bis sie endlich aufgemacht wird….. Wie so oft ist meine Geduld gefragt……..

Endlich wird mir aufgemacht und ich sehe Hannes am Ende des Ganges aus einem anderen Krankenzimmer kommen, er schiebt seinen Rollstuhl vor sich her, wirkt planlos und kommt mir entgegen. Auf die lange Distanz erkennt er mich nicht gleich. Als er mich wahrnimmt, stürzt er auf mich, weint haltlos. Er hält mich fest und wird vor Schluchzen geschüttelt. Ich lass ihn weinen, halte ihn, streichle ihn und beruhige ihn. Sag ihm, dass alles gut ist, dass er sich ausweinen soll, was ihm sichtlich gut tut. Wir setzen uns auf die Klappstühle im Gang und ich erzähle ihm, was Herbert mir gesagt hat. Es dauert keine 10 Minuten und Hannes ist ruhig, glücklich, streichelt mich und lebt mit meiner Anwesenheit auf. Wir können bereits wieder scherzen, er lacht über meinen Vergleich als er als kleiner Bub auf dem Pfadfindercamp gesagt hat, er müsse heim, weil seine Mutter krank ist……. Er meint, dass es genauso ist und er kein Held ist. Das macht nichts, Hannes! Ich LIEBE Dich! Hannes isst das Abendessen mit großem Hunger und Begeisterung, dann legt er sich ins Bett, ich kuschle mich zu ihm und kann spüren, wie gut ihm meine Nähe tut…… Keinen Moment lässt er meine Hand aus, er schläft ein, manchmal riskiert er ein Auge, um sich zu vergewissern, ob ich wohl da bin. Er hält mich noch fester und ist zufrieden….! Wie schön ist es, zu merken, dass ich ihm helfen kann….! Das ganze deckt sich mit Tinis Wahrnehmung, die sie mir vor zwei Wochen erzählt hat: Hannes wirkt immer ganz anders, wenn ich da bin….!

Nach diesem erlebnisreichen Tag steht für mich fest: Auch wenn ich ständig geraten bekomme, mich mehr zurückzuziehen und Hannes zu „entwöhnen", werde ich jede Zeit, die ich habe mit ihm verbringen! Habe das auch schon mit Tamara besprochen und sie pflichtet mir nicht nur bei, sondern hat mir auch ihre Unterstützung zugesagt – sie muss ja auch für mich mitarbeiten und hat selbst einen kleinen Jungen, der seine Mama vermisst und grad heute hat auch er geweint, als sie ins Büro gegangen ist.

Ich hoffe Hannes verzeiht mir diesen Vergleich – aber in dieser Situation hat Hannes ganz viel mit einem kleinen, verzagten Kind gemeinsam. Dafür gibt es in seiner Situation sogar ein Wort: Durchgangssyndrom. Ich weiß, dass man schutzbedürftige Menschen keinesfalls alleine lässt, besonders wenn sie krank sind……

„Hannes, ich werde alles tun, was in meiner Macht steht, um Dir zu helfen!!"

Samstag, 21.4.2012
Üblicherweise werden die Patienten nach der Intensivstation auf eine „normale" Pflegestation verlegt, wenn die intensive Überwachung nicht mehr erforderlich ist. Auf Grund der raschen und guten Fortschritte, die Hannes gemacht hat, dürfen wir nun bald auf diese Verlegung hoffen. Auch haben wir in Erfahrung gebracht, dass es den Patienten auf den „normalen" Stationen gestattet ist, das

Wochenende zu Hause zu verbringen, soferne es medizinisch vertretbar ist. Das heißt, der zuständige Stationsarzt muss einverstanden sein.

Diese Infos bewegen Hannes zur Frage: „Es hängt also von den Ärzten ab, ob ich am Wochenende nach Hause darf?"
Ich bestätige das und Hannes meint: „Dann müssen wir an den Ärzten arbeiten"!
„Nein, Hannes, wir müssen an DIR arbeiten" – wir lachen sehr darüber (wie sehr oft in letzter Zeit…).
Heute kommt Birgit und bringt für Hannes einen eigenen Rollator mit. Den Rollstuhl braucht Hannes inzwischen gar nicht mehr! Gemeinsam machen wir einen „langen" Spaziergang mit Hannes, zwischendurch rastet Hannes auf dem integrierten Sitz. Wir haben viel Spaß und können alle drei von Herzen lachen. Hannes schwitzt und zieht die Jacken aus, nimmt Schal und Kappe weg. Dann biegen wir um eine Kurve, der Wind bläst und Hannes stellt sich hin und zittert – also alles wieder anziehen….! ☺ Birgit meint: „Ja, das wird jetzt anstrengend…" Wir setzten uns ins Cafe und gratulieren Birgit zum Geburtstag. Viele Tränen fließen, aber es sind Tränen der Freude und Birgit erzählt mir am Abend, wie glücklich sie dieser wunderschöne Besuch gemacht hat.

Sonntag, 22.4.2012
Heute ist der letzte Tag auf der Intensivstation! „Kennwort Venedig" ist somit Geschichte……
Wir verbringen einen schönen Nachmittag, schauen uns schon mal das neue Zimmer an und Hannes erzählt immer wieder, dass er hier ein eigenes Bad und WC haben wird. Er freut sich auf den Umzug und ich natürlich mit ihm! Ich packe schon die Sachen zusammen und bin unendlich froh, dass die „Intensiv-Zimmer-Zeit" morgen zu Ende ist. Ich verbringe jeden Tag 4-5 Stunden hier mit Hannes und merke, wie mich diese Situation hier runterzieht. Es herrscht eine sehr belastende Energie hier – gut, dass es hinter uns liegt. Jetzt kann es nur noch besser werden – auch für mich!

Am Abend ruft mich Sissy an und erkundigt sich ganz genau nach Fortschritten, die Hannes macht. Gleichzeitig erzählt sie mir, was für ein schwieriges Leben sie selbst hat….Das ganze Gespräch ist für mich dermaßen belastend, dass ich die ganze Nacht kein Auge zumache.

Im früheren Leben stand ich über solchen Dingen, derzeit aber scheine ich extrem verletzlich zu sein und fühle mich gequält. Sie kann nichts dafür, aber ich muss mich in Acht nehmen und darf nicht zulassen, dass man mir Energie raubt.

Montag, 23.4.2012
Der Umzug ist vollbracht, der Zimmerkollege stellt sich vor und erzählt uns gleich seine ganze Lebensgeschichte. Hannes hat das Bett neben dem Fenster, einen großen Tisch für sich allein und insgesamt ist es ein sehr heimeliges Eckerl, in dem er jetzt viel mehr Ruhe finden wird.
Wir kuscheln, pflegen seine Narbe, genießen unsere Nähe und träumen von der Zukunft. Ich übergebe heute Hannes sein Handy, wir starten einige Versuche und Hannes tätigt seinen ersten Anruf: „Hallo Birgit, alles Gute zum Geburtstag…" ☺

Dienstag, 24.4.2012
Heute ruft mich Hannes in der Früh an, klingt viel viel besser als in den letzten Tagen und erzählt mir, dass er relativ gut geschlafen hat! Yeah, yeah, yeah! Wie wunderbar das klingt und sich anfühlt kann ich gar nicht sagen!
Ich hole ihn von der Physiotherapie ab, er hat in der vertretenden Therapeutin eine sehr gute Partnerin gefunden: Segelknoten stehen auf dem Programm! ☺ Morgen bringe ich das „Übungsbrett" mit!
Nach dem täglichen Kornspitz mit Butter und Käse (seit 4 Wochen!) kuscheln wir ein wenig und dann kommen Johanna, Fred und Andrea (KollegInnen vom Amt). Wir verbringen eine wunderbare Stunde im Wintergarten. Sie haben so liebe Fotos für Hannes gemacht: Jede Kollegin und jeder Kollege wurde mit

einer Botschaft auf einem großen Blatt Papier fotografiert. Ich mache Hannes ein Plakat daraus und wir hängen es im Zimmer auf! So viel Wärme ist spürbar! Ich bleibe noch bis 17:00 h und es geht uns sehr gut!

Abends kommt ein Anruf von Hannes: **"Darling, i need your body"** …..wie lange habe ich das Lied von ihm nicht mehr gehört….senza parole!

Mittwoch, 25.4.2012
Hannes ist sehr gut drauf, konnte schlafen und wirkt auch nach der Physio sehr munter! Genießt Sissi's Hand- und Kopfmassage. Sissi hat sich so gefreut, dass es Hannes so gut geht und wie bei den meisten anderen, die ihn zum ersten Mal in den Arm nehmen dürfen, rinnen viele Tränen der Freude. Ich lasse sie eine Weile allein und hole Kaffee für uns.
Abends hab ich einen Film gesehen, der in Kroatien spielt und irgendwann hat eine Gruppe fröhlicher Menschen „Zivili" gesagt, da musste ich weinen, weinen, weinen. Ich will das auch wieder! Ich will mein altes Leben wieder und wieder glücklich sein dürfen, fühle mich im Moment ziemlich überfordert mit allem… meine Arbeit, die ich nicht in gewohnter Weise erledigen kann, Entscheidung darüber, ob ich für Hannes eine Sachwaltschaft übernehmen sollte, müsste oder nicht, Richard braucht meine Unterstützung für einen früheren Arzttermin,

sonst stellt die Krankenkasse ihre Zuschüsse ein …. und so weiter….

Ich koche, esse mit Richard, viele geben mir gut gemeinte „Ratschläge", die mich aber nur in ein Chaos zu stürzen scheinen….

Es fühlt sich an, als hätte ich eine Schlinge um mein Herz, an der alle ziehen…. Ich bin so müde, hab das Gefühl, ich kann nicht mehr. Ich fühl mich schrecklich einsam und allein gelassen. Liebe Erzengel, bitte helft mir!

Ich muss schnell wieder zu meiner Form zurückfinden, das geht am besten, wenn ich mir nicht von „Zuflüsterern" dreinreden lasse! NICHT BEIRREN LASSEN! DU HAST ALLES RICHTIG GEMACHT! Das haben mir doch schon so viele Menschen bestätigt! Nicht zweifeln – es WIRD ALLES WIEDER GUT!

Es ist ein sehr schwer zu beschreibender Zustand im Moment für mich. Hannes hinterlässt natürlich bei jedem Besuch den Eindruck, dass „alles wieder gut ist". Körperlich stimmt das ja auch wohl und so sind natürlich alle erleichtert und begeistert über seinen Zustand.

Doch für mich fühlt es sich ganz anders an. Ich verbringe sehr viel Zeit mit Hannes und muss feststellen, dass er mit seinem Geist und seiner Seele noch ganz weit weg ist und im kognitiven Bereich sehr wohl Defizite vorhanden sind.

Abgesehen von seiner Orientierungslosigkeit im Gelände des Krankenhauses, kann man im Moment noch nicht wirklich sagen, wie das Gehirn in Zukunft arbeiten wird. Er hat bereits jetzt keine Erinnerung mehr daran, dass er noch bis vor kurzem auf der Intensivstation hier war.

Natürlich freue ich mich wie alle anderen über den sichtbaren Fortschritt, den er macht. Aber ich muss auch damit zu Recht kommen, dass er sich z.B nach dem Befinden seiner Frau Mama erkundigt (sie ist vor vier Jahren verstorben).........Ich stelle mir vor, dass sein Gehirn noch ein ziemlich grober Maschendrahtzaun ist, wo noch sehr vieles durchfällt. Wie der Neuropsychologe gesagt hat, bilden sich irgendwann neue Verbindungen im Hirn......

Das alles ist so schwer zu benennen und tut höllisch weh……

Mein engster Kreis kann mich verstehen und es nachvollzichen. Mein Sohn ist es, der den Nagel auf den Kopf trifft mit seiner Frage: „Bist du einsam, Mama?"…………..

Donnerstag, 26.4.2012

Die beste Nachricht ever: Hannes darf morgen (Freitag nachmittag) mit Genehmigung des Arztes und der Pflege nach Hause und muss erst wieder am Sonntag zurück! ☺ ☺ ☺ Hannes hat in seinen Kalender: URLAUB für diese Tage eingetragen.

Ich dachte, ich müsste um jede Stunde kämpfen, doch man hat uns gleich den ganzen möglichen Zeitraum erlaubt! Man kann sich nicht vorstellen, wie schön sich das anfühlt und wie sehr Hannes sich darüber freut, kann ich leider gar nicht in Worten ausdrücken! Aber FÜHLEN kann ich es!

Ich versende sms darüber an den engeren Kreis, der es in bewährter Weise an die übrigen weitergibt. Alle freuen sich mit uns, Richard ist in Bereitschaft, ebenso Mike und Günther sagt mir lachend: „Bring ihn nicht um zu Hause"!

Ich bin so aufgedreht und freudig nervös, dass ich fast nicht schlafen kann – aber diesmal macht es nichts, meine Gedanken sind alle positiv! Ich freu mich riesig!

Freitag, 27.4.2012
Es ist wahr: „Hannes, Du darfst bis Sonntag Abend zu Hause bleiben!" Ich bringe Hannes eine Jeans und ein Hemd mit, er ist so glücklich, hat schon alles gepackt, wir unterschreiben ein Formular, fassen die nötigen Medikamente aus und verabschieden uns von den Schwestern.
WAS FÜR EIN GEFÜHL!
Ich hab ein ständiges Grinsen im Gesicht. Zu Hause angekommen, rinnen mir die Tränen haltlos über das Gesicht, Hannes steht im Vorzimmer nach so unendlich langer Zeit…..!
Der erste Weg führt in die Küche, wo er eine Stehjause einnimmt – wie immer, wenn er

heimkam! Es ist so, als wäre er gestern erst weggegangen….

Lieber Gott, es ist so wunderschön! Danke all meinen Schutz- und Erzengel für dieses Wunder!

Hannes ist supertoll, er rastet viel, fährt täglich 15 Minuten mit dem Ergometer, trägt alle Daten in sein Tagebuch ein, genießt mein Essen, genießt meine Nähe, unser Zirbenbett, einfach alles!

Hannes telefoniert mit mehreren Leuten und erzählt immer wieder, dass er alles mir zu verdanken hat, dass er jetzt zu Hause sein darf….

Am Samstag Nachmittag fahren wir zu einer unserer Lieblings-Buschenschanken in die Südsteiermark. Meine etwas umständliche Anreise macht ihn nervös – war ja auch früher immer so und ist nichts Ungewöhnliches ☺.

Vor dem Ausflug müssen wir zu Freytag & Berndt, weil Hannes unbedingt eine Kartentasche möchte, wo er seine notierten Termine und die wichtigsten Infos zur Unterstützung seiner Orientierung, die ihn noch im Stich lässt, aufbewahren kann. Obwohl wir uns ein wenig uneinig sind, wie wir am besten hingelangen, erreichen wir auf dem schnellsten Weg das Geschäft und Hannes tätigt selbstständig seinen ersten Einkauf. Glücklich verlassen wir den Laden.

Der Wettergott ist uns hold und wir genießen die Jause in der Buschenschank. Müde und glücklich schläft Hannes bereits um halb neun.

Der Sonntag besteht aus gaaaanz viel relaxen, kuscheln, essen, genießen und natürlich auch Traurigkeit, dass der Weg heute wieder ins Krankenhaus zurückführt. Aber wir sind beide sehr tapfer!

Bevor ich weggehe, frage ich noch die diensthabende Schwester, ob ich denn Hannes morgen wieder mitnehmen darf, da ja am Dienstag ein Feiertag ist…… Sie erklärt mir, dass ich das am Montag telefonisch mit dem Arzt besprechen müsste.

Noch verrate ich Hannes nix davon – möchte ihn vor einer möglichen Enttäuschung bewahren.

Fazit für dieses große Abenteuer Hannes zu Hause zu haben: Daheim ist er „gesund"! Er findet sich sofort zurecht, hat am Telefon seinen Anrufern selbst erklärt, dass er zu Hause keine Defizite hat – und das stimmt (größtenteils)! Allerdings muss ich zur Kenntnis nehmen, dass seine insgesamte Selbstwahrnehmung noch nicht klappt. Er erzählt, dass er mit dem Auto fahren könnte, aber es noch nicht getan hat und dass es absehbar ist, dass er wieder ins Büro kommt, dass wir im Juni nach Hvar fahren, ist für ihn fix………

Ich lasse diese Dinge unangefochten im Raum stehen, die Zeit wird alles weisen….. Zeit ist ein relativer Begriff! Im Moment bin ich sehr stolz auf mich, weil es mir gelingt, seinen Unmut nicht persönlich zu nehmen, wenn ich nicht ausführe, was er für richtig hält und er

mir das auch in wenig charmanter Art mitteilt. Aber diese Dinge halten sich in Grenzen und ich darf das nicht mit „normalen" Maßstäben messen!
Lieber Gott, bitte gib mir die Kraft die schwierigen Situationen zu meistern!
Ich darf mich nicht unterkriegen lassen, sondern muss – wie bisher – auf mein Gefühl vertrauen. Und wie es sich schon bewiesen hat: Ich DARF darauf vertrauen!

Montag, 30.4.2012
Schon morgens telefoniere ich mit der Station und die Schwester macht mir bereits Mut, dass Hannes heute wieder nach Hause darf, allerdings muss man den Arzt noch nach der Visite fragen. Jetzt lasse ich aber bei Hannes die Katze aus dem Sack und erzähle ihm von meinen Plänen. Ich bitte ihn, den Arzt bei der Visite gleich selbst zu fragen. Allein die Chance, dass er heute wieder nach Hause darf, beflügelt ihn und macht ihn glücklich! Er bedankt sich tausendmal und beschämt mich fast damit! Es klappt und Hannes wartet schon zu Mittag fertig angezogen und reisefertig auf mich……. Er ist soooooooo lieb! Im Nu sind wir weg und Hannes genießt zu Hause sein sicheres Terrain…… Mein Gott, wie lieb ich ihn hab! Danke!
Wir essen mit Richard, der ein Senioren-Handy mit großen Tasten für Hannes gekauft und ihm damit einen großen Wunsch erfüllt hat.

Apropos Richard: er hat mich heute Vormittag angerufen, wollte wissen, wie der Abschied gestern ausgefallen ist und hat mir gratuliert, wie großartig ich dieses Wochenende gemeistert habe. Hat mir gesagt, dass ich die Situation genau richtig eingeschätzt habe und seine Bedenken hinsichtlich des Ausfluges in die Buschenschank in den Wind geschlagen habe. Ich darf sehr stolz auf mich sein! „DANKE Richard, deine Unterstützung die ganze Zeit über hat mir so sehr geholfen. Ohne Dich hätte ich das alles nicht so gut geschafft, bin soooo froh, dass ich Dich habe. Und noch etwas: Es gehört einfach auch ein bißchen Mut zum Leben!"

Viele Gefühle und neue Fragen treten jetzt in mir auf – wie so oft in dieser ganzen Zeit. Ich lasse es zu und gebe diesen Fragen Raum.
Schon mehrmals war es von großem Vorteil, denn über kurz oder lang wurden diese Fragen wirklich zum Thema und so hatte ich den Vorteil, bereits vorbereitet zu sein.

Ich bekomme langsam eine Ahnung, dass der Wunsch von uns allen, dass Hannes sein Leben in Zukunft ruhiger, bzw. ohne seinen üblichen enormen Druck angehen wird, sich wohl nicht erfüllen wird.
Mag ja sein, dass seine Krankheit diese Erkenntnis, wie sehr er sein Leben wertschätzen muss noch nicht zulässt, aber diese Hoffnung ist sehr gering.

In mir wächst der Gedanke, dass ich als Gegenpol zu diesem einschneidenden Erlebnis in meinem Leben auch etwas sehr großes POSITIVES brauche – der Jakobsweg taucht langsam immer öfter wieder auf……
Vielleicht tut es ja auch schon der Fußmarsch nach Mariazell (allein!). Es fühlt sich sehr gut an, zumindest sich mit der Aussicht darauf zu beschäftigen! „Helena, vergiss nicht auf Dich!"

Freitag, 4.5.2012
Der Feiertag zu Hause ist sehr schön verlaufen. Wir haben eine Runde um den Hilmteich gemacht, dort Heinz und Rosi getroffen. Der Rest war geruhsam, der Abschied um 19:00 im Krankenhaus war begleitet von sehr traurigen Augen…….. es belastet sehr…
Langsam manifestiert sich der ständige Druck in meinem Körper. Ich nahm an einer Sitzung in Kalwang teil und hatte, während ich die Unterlagen verteilte mehrmals das Gefühl, die Tische würden nachgeben, bis ich schließlich bemerkte, dass ICH wankte…… Außerdem werde ich den ständigen Husten nicht los und fühle mich insgesamt sehr schlecht. In Kalwang dachte ich: Macht nix, ich bin eh in einem Krankenhaus, wenn ich zusammenbreche, werden die wohl das Richtige machen….
Hannes wartet jeden Tag sehnsüchtig auf mein Erscheinen. Wir telefonieren am Morgen, dann schreibt er sich noch einmal auf, wann

ich komme. Meistens um 14:30. Am Vormittag versuche ich mich auf meinen Job zu konzentrieren, viel bleibt liegen, zu Mittag teile ich dann dringende Sachen an Tamara und Chef auf, dann flitz ich zu irgendeinem Supermarkt, Hannes freut sich auf Kornspitz mit Käse, auf der Fahrt ruft er mich dann wieder an: „Wo bist Du?????"
Ich hetze, versuche ruhig zu werden, um Hannes Energie zu bringen und ihn nicht merken zu lassen, wie es mir geht. Ich bemühe mich, gute Stimmung für Hannes zu machen, lasse mir erzählen, wie sein bisheriger Tag verlaufen ist. Hör mir an, wie sehr ihm die ständigen Tests auf die Nerven gehen und er immer sooooo sehr auf mich wartet. In seinem „Tagebuch", das er führen muss steht an einem Tag 5 (!) Zeilen lang: „Warten, warten, warten, warten……"
Die Ergotherapeutin lässt mir ausrichten, dass sie gerne mit mir sprechen möchte. Ich bin grundsätzlich froh, dass man die Angehörigen miteinbezieht.
Hannes und ich absolvieren gemeinsam die Besuche, die sich einstellen, Hannes ist es lieber, wenn ich dabei bin. Egal, wann ich gehe, Hannes ist immer traurig……. Das alles macht es für mich nicht leicht. Abends telefonieren wir noch einmal. Ich bin erschöpft, falle ins Bett.
Hab gestern meine Lunge röntgen lassen, weil ich meinen Zustand abgeklärt wissen wollte. Immerhin „kugle" ich seit drei Monaten täglich

in den Krankenhäusern herum und habe Sorge, dass ich mir dabei irgendetwas eingefangen habe. Zum Glück ist bis auf eine Bronchitis und allgemeine Erschöpfung alles ok. Natürlich bin ich jetzt erleichtert, aber ich merke halt, wie sehr ich an meine Grenzen gehe.

Dann gibt's noch die Anrufer, die mir erklären, wie viel sie um die Ohren haben und was für eine heftige Woche das war – mir fehlt die Geduld für diese Ansagen. Warum schütten sie mir ihren Mist auch noch drüber?????

Sorry, ich hab euch lieb, aber ich fürchte ich kann nicht mehr! Viele Dinge stürmen auf mich ein, die Zusatz-Versicherung will eine neue Erklärung für die Abtretung der gesetzlichen Versicherung als Zuzahlung zur Sonderklasse, Brief enthält falsches Datum – wieder anrufen! Hannes will so schnell wie möglich weg aus diesem Krankenhaus – aber was kommt dann? Anschlussheilverfahren in einer Rehab-Klinik, dazwischen Pause zu Hause – werde das mit Pflegeurlaub und Urlaub abdecken, muss das möglichst gut timen mit dem Büro. Termin mit der Bankberaterin für die Erteilung der Zeichnungsberechtigung.

Plane in der kommenden Woche einen Urlaubstag für sämtliche Gespräche im Krankenhaus mit der Ergotherapeutin, dem Neuropsychologen und der zuständigen Ärztin zwecks Absprache des weiteren Vorganges.

Heute ist Freitag, Hannes ist glücklich zu Hause, morgen kommt Michi wieder aus

Afrika. Ich habe Arbeit mit nach Hause genommen, um sie am Wochenende zu erledigen.

Lieber Gott, lass mich bitte nicht ausrasten! Bitte schickt mir Energie, ich fühle mich so alleingelassen und überfordert! HIIIIIEEEELFE!

Sonntag, 6.5.2012

Mit Michi war es harmonisch von Anfang bis zum Ende. Haben gemeinsam mit Hannes und Richard das Wochenende genossen, waren mit Hannes spazieren.

Nachdem ich Hannes ins Krankenhaus zurückgebracht habe, haben sich meine Räder zu drehen begonnen. Ich weiß jetzt, dass sich die Situation dort für Hannes nicht mehr verbessern wird. Er ist nicht glücklich, für ihn ist es jedes Mal eine Strafe wieder „einrücken" zu müssen, er würde viel lieber zu Hause sein. Außerdem hat er mir gestanden, dass er vor jedem „Test" mit der Ergotherapeutin und dem Neuropsychologen große Angst hat. Er befürchtet, dass man ihn für immer dort behält, wenn er diese Tests nicht besteht! Jetzt, da mir das alles bewusst ist, setze ich mich hin und stelle einen Zeitplan auf, den ich bei meinen geplanten Gesprächen mit den Ärzten bereits vorlegen werde:

Wie ich bereits in Erfahrung gebracht habe, sind für die sogenannte C-Rehabilitation grundsätzlich vier Wochen geplant, die jeweils

je nach Verlauf verlängert werden können. Das bedeutet, dass im Fall von Hannes die vier Wochen am 18.5. erfüllt sind. Sollte die Ärztin eine Verlängerung für nötig halten, wäre es der 25.5. Danach erfolgt im Einvernehmen mit der Ärztin eine Pause für Hannes zu Hause bis zur Rehab in der nächsten Klinik. In dieser Zeit bleibe ich mit Pflegefreistellung und Urlaub bei Hannes. Und da ich über genug Mut verfüge, denke ich daran, einige Tage in unserem Stammhotel in Lignano mit Hannes zu verbringen. Das Meer und Lignano haben ihm immer gut getan. Ich erkundige mich gleich mal vorab, ob wir in der fraglichen Zeit (nach Pfingsten, wenn es wieder ruhiger ist) ein Zimmer haben könnten, was noch in derselben Nacht bestätigt wird.
Mir ist der Knopf aufgegangen, habe wieder einen Focus und es fühlt sich total stimmig an!

Dienstag, 8.5.2012
Heute habe ich Urlaub genommen und es ist mir gelungen, alle Gesprächstermine an diesem Tag unter Dach und Fach zu bringen. Außerdem ruft mich „rein zufällig" Christian an diesem Morgen an und stärkt mich. Wie bei meiner B-Prüfung gehe ich in diesen „Verhandlungstag" und trage den Sieg auf allen Ebenen davon:
Der Neuropsychologe ist froh, dass er endlich weiß, wie Hannes „gestrickt ist" und sieht ihn von nun an im richtigen Licht, was sich noch am selben Tag positiv für Hannes auswirkt,

der mir sagt, dass er das Gespräch heute mit ihm sehr gut empfunden hat.
Die Ergotherapeutin und ich verstehen uns ebenfalls und ich freue mich über ihr Engagement, gemeinsam mit mir ein gutes Programm für Hannes zu erstellen.
Beiden erzähle ich meinen fertigen Plan, weil ich inzwischen erfahren habe, dass heute um 13:00 Uhr ein Teamgespräch stattfindet, in dem alle Beteiligten (Ärzte, Neuro, Physio, Ergo – Therapeuten) den weiteren Verlauf für Hannes besprechen. (Mein Gott, was für ein Glück, dass ich vorher all meine Wünsche bekanntgeben durfte!)

Ich bin sehr gespannt auf das Ergebnis der Teambesprechung. Bisher haben mir alle das Gefühl gegeben, dass mein Plan ein guter ist und sie in diese Richtung arbeiten werden!
Zwischen den Gesprächen treffe ich Hannes und begleite ihn zu seinem nächsten Termin.
Nach der Teambesprechung treffe ich auf die Physio- und die Ergotherapeutin und sie bestätigen mir, dass alle Anwesenden meinen Plan befürworteten. Lediglich die Zustimmung der zuständigen Ärztin kann erst am nächsten Tag eingeholt werden, da diese nicht anwesend war.
Yeah Yeah Yeah! Hannes ist gerade in seiner Sportgruppe und so warte ich vor dem „Sporthaus" auf ihn. In der Zwischenzeit rufe ich Christian an, um ihm diese gute Nachricht zu erzählen. Er freut sich unheimlich mit und

berichtet mir eine Stunde später, dass er nach Lignano nachkommt! DAS LEBEN IST SCHÖN! Ich strahle mit Hannes um die Wette. Ich wusste, dass es ihm sofort besser geht, wenn er einen Plan bekommt, an dem er sich festhalten kann. Von meiner Idee, dass er eventuell bereits am 18.5. entlassen werden kann, sage ich ihm aber noch nichts, bis morgen nach meinem Gespräch mit der Ärztin bleibt es für ihn vorerst der 25.5.2012 – über jeden Tag früher dürfen wir uns dann eben freuen..

Mittwoch, 9.5.2012
Die Ärztin hat wie gehofft, alles gestern besprochene für gut befunden. Wir einigen uns auf den Entlassungstag: Mittwoch, der 23.5.2012! DAS FÜHLT SICH SOOOOO GUT AN! Hannes trägt es in seinen Kalender ein und jetzt ist alles gut! DANKE DANKE DANKE!

Dazu darf ich abschließend noch vermerken, dass sich alle sehr über mein Engagement gefreut und mich dafür gelobt haben. Ich hab ihnen gesagt, dass ich sehr froh bin, dass man nun auch einen Bezug zu den Angehörigen gesucht und zugelassen hat und ich mir die Kommunikation schon eher gewünscht hätte. Man hat mir erklärt, dass sie sich bei den Angehörigen im Normalfall eher zurücknehmen und zwar deshalb, weil meistens nur gefragt wird, wann, bzw. ob der Patient wieder gesund sein wird. Und da sie

diese Fragen leider nie beantworten können, weil jeder Verlauf und jeder Patient anders ist, verhalten sie sich lieber distanziert.
Ich habe gelernt, diese Fragen nicht zu stellen, weil mir das klar ist.
Das Gefühl, auf der ganzen Linie gesiegt zu haben lässt mich schweben! Richard und Birgit, aber auch der Rest der Welt freuen sich mit uns!

Zur Feier des Tages treffe ich mich mit Richard in einem asiatischen Restaurant und wir genießen das Leben!

Von heute an bis zum Entlassungstag sind es noch 13 Tage, von denen Hannes aber nur mehr 8 Tage im Krankenhaus verbringen muss, weil er an den Wochenenden und Feiertagen zu Hause sein darf.

Mittwoch, 23.5.2012
Heute darf Hannes das Krankenhaus verlassen und muss NIE WIEDER ZURÜCK!
Es ist ein unbeschreibliches Gefühl, heute in das Krankenhaus zu fahren. Ich habe zu Hause alles für Hannes' Ankunft vorbereitet und bin bereits am Vormittag auf dem Weg zu ihm. Wir erledigen sämtliche Formalitäten, übergeben Goodies an die diensthabenden Pflegerinnen auf der Station und besuchen noch einmal Herrn S. auf der Intensivstation. Auch dort verabschieden wir uns von den

Pflegern. Und dann geht's nach Hause…..
☺ ☺
Hannes ist glücklich und ich mit ihm.

Freitag, 25.5.2012
Ich habe mich auf der Neurochirurgie erkundigt, wann bestimmte Ärzte und Schwestern, die mit Hannes zu tun hatten, anwesend sind und so mache ich heute mein Versprechen wahr und besuche gemeinsam mit Hannes die Intensivstation. Ich habe Hannes oft davon erzählt und er hat diesem Besuch sofort zugestimmt.
Ich freue mich sehr darüber, denn all die Menschen, die ihm geholfen haben sollen sehen, dass es einen guten Ausgang hatte. Heute steht Hannes auf seinen eigenen Beinen vor ihnen und stellt sich vor…..
Es ist sehr schön zu sehen, wie das Team sich freut……
Es sind so großartige Menschen, die hier arbeiten und Großartiges leisten. Ich bin unendlich dankbar.

Hannes wird gefragt, ob er sich an irgendetwas erinnert. Die Antwort ist „Nein". Er kann sich noch daran erinnern, das Eisstockschießen organisiert zu haben, aber an diesen Tag und an alles was danach kam, hat er keine Erinnerung.
Er sagt selbst, er hat auch kein Gefühl dafür entwickelt, wie schlimm es um ihn stand und

wie knapp er dem Tode entronnen ist. Er kennt es nur aus unseren Erzählungen. An den Reaktionen der Menschen (fast alle weinen, wenn sie ihn zum ersten Mal sehen) kann er erkennen, wie schlimm es gewesen sein muss…….

Ich glaube, dass diese Erfahrungen für uns, die wir um Hannes gebangt und gebetet haben, bestimmt waren.
Vielleicht hat Hannes ganz eigene Erfahrungen gemacht und wir sollten darauf hoffen, dass diese – wenn überhaupt – sehr sanft auftauchen und ihm Zeit genug lassen, damit gut zurechtzukommen.
Es braucht alles noch viel Zeit……

Samstag, 26.5.2012
Heute kommt die Familie bei uns zusammen und feiert ein Fest! Es ist ein unbeschreiblich herzliches Aufeinandertreffen. Ganz viel wunderbare Energie ist spürbar, Dankbarkeit und Liebe liegen in der Luft….
Wir alle haben unsere Erfahrungen gemacht und sind wieder ein wenig reifer geworden.
Sich auf das Wesentliche zu besinnen macht das Leben schön und uns zufrieden.

Vor uns liegen ein Urlaub in Lignano, die „Anschlusstherapie" in der Rehab-Klinik und

noch ein wunderbares Leben…….

Lieber Hannes,
danke, dass Du bei uns geblieben bist!
Danke, dass Du gekämpft hast und Dich nicht aufgegeben hast.
Danke für unser wunderbares Leben!
Ich liebe Dich!

D_A_N_K_E

Lieber Richard, liebe Birgit!
Ihr beide seid meine großen „Helden im Hintergrund"!
Eure Aufgabe war es, **mich** zu stützen und zu stärken – und Ihr habt diese Aufgabe großartig erfüllt! Alleine hätte ich es (wenn überhaupt) nicht so gut geschafft - gemeinsam waren wir unheimlich stark!
Wir dürfen sehr stolz auf uns sein!

Lieber Klaus!
Danke, dass ich Dich von dieser Seite kennenlernen durfte!

Liebe Tini, lieber Mike!
Nicht die Quantität, sondern die Qualität ist es, die unsere Freundschaft ausmacht und sie so besonders und kostbar sein lässt: ohne viele Worte, aber zur Stelle, wenn man Euch braucht – nicht nur in guten Tagen, sondern jederzeit!

Lieber Günther, lieber Herbert!
Ihr beide habt uns – jeder auf seine Art – in der schwierigsten Zeit unseres bisherigen Lebens begleitet und unterstützt. Dieses Geschenk wird nur wenigen Menschen zuteil und macht uns zutiefst dankbar!

Lieber Christian!
„Zum Besten aller Wesen…" Namaste

Liebe(r)………………………..!
An dieser Stelle danke ich **allen** Menschen, die mit uns gefühlt haben. Danke für alle positiven Gedanken, für jede Kerze, für jedes Gebet. Danke für alle aufbauenden Worte und Gesten.
Danke aber auch, dass Ihr uns Ruhe gegönnt habt, als wir sie so dringend brauchten. Jeder einzelne hat seinen Teil dazu beigetragen, dass dieses Ereignis ein gutes Ende fand!

Ein großes DANKE gebührt auch allen Menschen, die sich in ihren medizinischen und pflegerischen Berufen mit hoher Kompetenz und menschlicher Einfühlsamkeit um Patienten und Angehörige bemühen. Ihnen allen gehört mein großer Respekt und meine tiefe Anerkennung!

D_A_N_K_E